Marianne Wiendl

Sehspiele für Schuki
(Schul- und Vorschulkinder)

Ein Vorlese- und Mitmachbuch

Copyright: © 2015 Marianne Wiendl
Lektorat: Erik Kinting / www.buchlektorat.net
Umschlag & Satz: Erik Kinting
Verlag: tredition GmbH, Hamburg
Printed in Germany
Fotos & Zeichnungen: Marianne Wiendl
Kinder am PC: Tyler Olson (www.fotolia.com)
Kinderfußball: Sergey Novikov (www.fotolia.com)
Titelbild: Köpenicker (www.fotolia.com)

Das Werk, einschließlich seiner Teile, ist urheberrechtlich geschützt. Jede Verwertung ist ohne Zustimmung des Verlages und des Autors unzulässig. Dies gilt insbesondere für die elektronische oder sonstige Vervielfältigung, Übersetzung, Verbreitung und öffentliche Zugänglichmachung.

Bibliografische Information der Deutschen Nationalbibliothek:
Die Deutsche Nationalbibliothek verzeichnet diese Publikation in der Deutschen Nationalbibliografie; detaillierte bibliografische Daten sind im Internet über http://dnb.d-nb.de abrufbar.

Inhaltsverzeichnis

Vorwort 5
An alle Eltern 7
1. SchuKi kommt in die Schule 11
2. Wie funktioniert »Sehen«? 15
   2.1 Das Auge 17
3. Die Augenmuskeln 22
   3.1 Augenmuskeln in Aktion 25
   3.2 Aufwärmübungen im Liegen 28
   3.3 Bewegte Augen im Liegen 36
4. Das Gehirn – dein großer Computer 42
   4.1 Gehirnknöpfe einschalten 46
   4.2 Krabbeln und Rollen 50
   4.3 Koordination zwischen rechts und links 59
5. Sehen mit zwei Augen 62
   5.1 Die Augenkutsche: 63
   5.2 Auge und Körper in Bewegung 67
   5.3 Bewegte Augen im Stehen 71
6. Das innere Auge 79
   6.1 Die Netzhaut 80
   6.2 Die Aderhaut 81
   6.3 Der Sehnerv und Sehzentrum 82
7. Die Netzhaut im Detail 88
   7.1 Die Zapfen – fokussiertes Sehen 90
   7.2 Die Stäbchen – peripheres Sehen ... 92
   7.3 Spiele, die die Netzhaut stärken 94
   7.4 Fußball-Blick-Training 99

8. Ziliarmuskel und Linse 108
8.1 Nah- und Fernblick............................ 109
8.2 Sehspiele für Nähe und Ferne 117
8.3 Spielend fokussieren 122
9. Die Pupille 125
9.1 Der Pupillenreflex............................. 130
9.2 Sonnen und Palmieren 131
10. Augen-Gutenachtgeschichte.................... 135
Danke... 141
Literaturverzeichnis:................................... 143
Kontaktadressen:.. 144

Vorwort

Wir leben in einer Zeit, die den Augen viel abverlangt: Wir nehmen Unmengen kleinster Informationen mit ihnen auf; unsere Kinder blicken immer häufiger und länger auf kleine Displays von Handys und Tablets, auf Bildschirme (Computer und Fernsehen), Bücher und Tafeln (Schule und Universität). Sogar in der Freizeit, die für viele Kids ebenfalls mit Lernen angefüllt ist, lieben es Kinder am Computer zu spielen. Kein Wunder, dass die Augen, der Nacken und der Rücken von Schulkindern immer verspannter und schwächer werden.
Nach neuesten Statistiken von 2015 sind weltweit 80 % der Jugendlichen in Großstädten kurzsichtig. Muss das so sein? Marianne Wiendl und viele andere ganzheitliche Sehlehrer wollen und können das nicht glauben.
Lädt man Kinderaugen dazu ein sich immer wieder zu entspannen, sich nach Konzentrationsphasen in alle Richtungen zu bewegen und ihre Freude am Forschen und Entdecken zu behalten, bleiben diese wach und lebendig. Wenn Kinder sich voller Neugier allem, was sich in der Natur bewegt, zuwenden dürfen, dann erholen sich die Augen wieder und erhalten ihre Sehkraft, ihr inneres Strahlen und Funkeln, zurück.

Marianne Wiendl zeigt in diesem Buch Kindern und ihren Eltern, wie das geht: einfach, mühelos und mit viel Freude.

Viel Erfolg und strahlende Augen beim Üben.

Wolfgang Hätscher-Rosenbauer
Visiovital Institut für Sehtraining, Bad Vilbel

An alle Eltern, Großeltern, Erzieher, Pädagogen, Lehrer und Menschen, die es lieben mit Kindern zu spielen:

Dieses Buch ist entstanden, weil in meiner Praxis viele Kinder vorgestellt werden, die diverse Sehschwächen und damit oft Schul- bzw. Lernschwierigkeiten haben. Viele Eltern suchen nach Alternativen zu Brille und Operation. Das Sehtraining ist hierbei eine sehr hilfreiche Methode, die vielen Kindern schon geholfen hat.
Als ich mich vor vielen Jahren darauf einließ, lernte ich mit den Kindern das manchmal trockene Programm für Erwachsene so zu verändern, dass es eine spielerische Leichtigkeit bekam. Denn eines brachten mir meine kleinen Schüler sofort bei: ein langweiliges und anstrengendes Seh-Übungsprogramm machen Kinder nur ganz kurze Zeit mit. Eltern, die ihrem Kinde unter allen Umständen etwas Gutes angedeihen wollen, muss ich also abbremsen, der Streit ist sonst vorprogrammiert.
Ich habe also meine Strategie geändert. Dabei half mir meine eigene Elternzeit, denn ich lernte im Familienzentrum Stockdorf EKP eine *Kindzentrierte Elternbildung* kennen, die darauf abzielt, die Eltern und Erziehungsberechtigten so zu schulen, dass diese wissen, mit welchen Spielen ein

Kind im Alltag gefördert werden kann. Als Gruppenleiterin und Mutter von drei Kindern machte ich die Erfahrung, dass Spielen unwahrscheinlich bereichernd ist und Spaß macht! Besser als jede Methode schult dies sämtliche Sinne – vom Hören, Riechen bis zum Sehen. Sehspiele fördern das visuelle Gedächtnis, die Augen-Hand-Koordination, die Fusion, die Akkommodation und vieles mehr.

Die Entwicklung der Sinne ist ein Lernvorgang, der erst mit sieben Jahren so weit abgeschlossen ist, dass schulische Fertigkeiten, wie Lesen und Rechnen, erlernt werden können. Wir sollten also darüber nachdenken, wie wir bis zur Einschulung, und natürlich auch danach, unsere Kinder prägen. Denn wenn ein Kind den ganzen lieben langen Tag vor dem Fernseher oder Computer sitzt, dann kann es mit sieben Jahren nur besonders gut fernsehen bzw. computerspielen!

Um also Vor- und Grundschulkinder in ihrer Sehentwicklung zu unterstützen, haben wir im *Naturheilzentrum für Sehen und Gesundheit* Spiele gesammelt, die geeignet sind, das Sehen harmonisch zu fördern. Sehübungen, die zu funktional waren, wurden entsprechend modifiziert und in eine Spielform gebracht. Es sollte vor allem Spaß machen! Es ist immer wieder ein Geschenk, wenn Kinder dadurch besser sehen und leichter lernen.

Manche Kinderbrille hat sich dadurch sogar erübrigt.
Während der gemeinsamen Übungen entwickelten die Kinder und ich immer wieder Variationen, die zu weiteren Spielen führten. Auch Eltern, die ich im Seminar *Sehpotenziale fördern für Kinder* schulte, kamen mit vielen neuen Spielideen an. Die Sehtrainerin und Heilpraktikerin Elvira Boguth bereicherte die Arbeit an dem Buch mit ihren Kindern, die als Fotomodell viele der hier vorgestellten Spiele zeigen. Es waren lustige Nachmittage!
In diesem Buch finden sie Sehspiele, die alleine ausgeführt werden können oder für Gruppen geeignet sind, wie zum Beispiel bei Kindergeburtstagen oder in der Schule. Sie sind so aufgebaut, dass die Kinder zunächst am Boden beginnen; das ist sinnvoll. Wie beim Bau eines Hauses nicht zuerst das Dach und dann der Keller gebaut wird, gibt es auch in der Entwicklung der intellektuellen und koordinativen Fertigkeiten eines Kindes eine Reihenfolge, die beachtet gehört. Bevor ein Kind seine Augen mit feinsten Naharbeiten wie Bilderbüchern und I-Phone beschäftigt, sollte es gelernt haben, die Augen koordiniert zu bewegen und weiter entfernte Objekte zu erkennen und zu benennen. Es sollte die Welt *begriffen* haben – mit den Händen, mit dem Mund und mit den Augen. Babys üben dies schon im Liegen. In der Krabbel-

phase beginnen Kinder ihre Augen zu verschalten, beidäugiges Sehen wird koordiniert, ein erstes *Stereosehen* entsteht. Zu frühes Aufrichten kann diesen Prozess stören. Es macht also Sinn in der Therapie die Spiele in der hier vorgeschlagenen Reihenfolge anzubieten.

Das Auge wird von der Augenmuskulatur bis zur Netzhaut mit kindgerechte Erklärungen und Bildern dargestellt, die gemeinsam mit den Kindern gelesen werden können. Für Eltern und Erziehungsberechtige habe ich Wissenswertes zusammengetragen; manches Sehspiel erschließt sich erst, wenn der theoretische Hintergrund verstanden wird. Ich hoffe sehr, dass mit diesem Buch das gemeinsame Spiel in allen Familien wieder seinen Platz findet. Das Leben ist viel zu kurz, um nur zu arbeiten.

In diesem Sinne wünsche ich allen Familien, Spielgruppen, Kindergartengruppen und Schulklassen viel Spaß beim Ausprobieren und Spielen!

Ihre Marianne Wiendl

1. SchuKi kommt in die Schule

Hallo, ich bin SchuKi. Ich gehe jetzt in die Schule! Das ist cool, doch ab und zu raucht mir der Kopf. Ich muss so viel Neues lernen, das fällt mir nicht immer leicht. Lesen und schreiben, zählen und rechnen …

Aber kennst du das auch? Vor lauter Anstrengung brennen die Augen und der Schädel tut weh. Alles fühlt sich schlapp an, im Kopf spukt nur noch Blödsinn herum und die Buchstaben tanzen munter auf und ab. Das ist ziemlich unpraktisch beim Vorlesen und der Moment, an dem ich am liebsten aufhören möchte, zu üben.
Ich will dir dabei helfen. Es gibt eine Menge Spiele, die müde Kinder wecken. Das Sehen bleibt lebendig und Lernen macht wieder Spaß.

Weißt du, was dein Auge alles kann?

 In alle Richtungen schauen

 Nahe, kleinste Dinge sehen

 Weit entfernte Dinge entdecken

 Farben wahrnehmen

 Formen erkennen

 Fangen und greifen

oder auch werfen und zielen … 3D-Filme erleben …

Was meinst du? Wobei unterstützen dich die Augen noch? Ich bin gespannt, was dir einfällt!

Ich lade dich ein, die vielen Seh-Spiele auszuprobieren. Du wirst sehen, wie leicht du deine Augen auf diese Weise gesund erhalten kannst. Vielleicht fallen dir auch weitere Sehspiele ein und du möchtest sie mir zuschicken.

2. Wie funktioniert »Sehen«?

Dass wir die Welt sehen und erkennen können, ist nicht selbstverständlich. Wir benötigen dazu zwei möglichst gut funktionierende Augen und ein Gehirn, das die Bilder sichtbar werden lässt. Alles was wir sehen, haben wir erlernt. Du hast als Kleinkind beim Krabbeln deine Umwelt berührt, geschmeckt und gesehen. All diese Erfahrungen hast du in deinem Gehirn gespeichert, sodass es jetzt ganz leicht für dich ist, Dinge zu erkennen.
Schließe die Augen und stelle dir eine Zitrone vor. Nimmst du das Gelb der Zitrone wahr? Kannst du sie riechen und spürst du, wie die Zunge sich zusammenzieht?

Alles, was du siehst und benennen kannst, hast du als Kind kennengelernt. Du weißt, wie deine Mama und dein Papa aussehen, deine Wohnung, deine Spielsachen. Jetzt in der Schule lernst du Buchstaben und Wörter lesen.
Doch wie funktioniert das eigentlich?

SchuKi möchte alles verstehen. Er will wissen, wie wir lernen zu sehen und was wir tun können, um möglichst lange diese Fähigkeit zu erhalten. Also ist er losgezogen, um bei einer Sehtrainerin nachzufragen. Das war super. Nun kann er Dir vieles erklären.

2.1 Das Auge

Was weißt du schon? Welche Teile des Auges kennst du bereits?

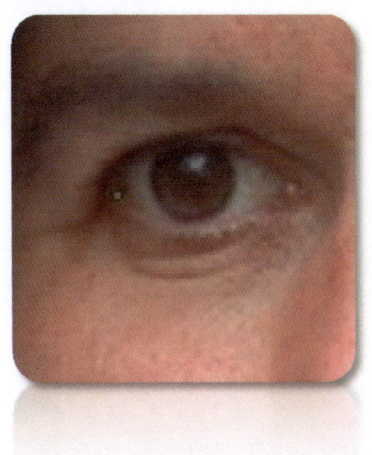

Augenbraue, Lid, Wimpern, Regenbogenhaut (Iris), Pupille und das Weiße im Auge – der Glaskörper, das alles kannst du wahrnehmen, wenn Du deinem Freund in die Augen schaust.

Das was wir sehen ist nur ein kleiner Teil des Auges. Schuki durfte entdecken, wie sich das Auge von innen zeigt.

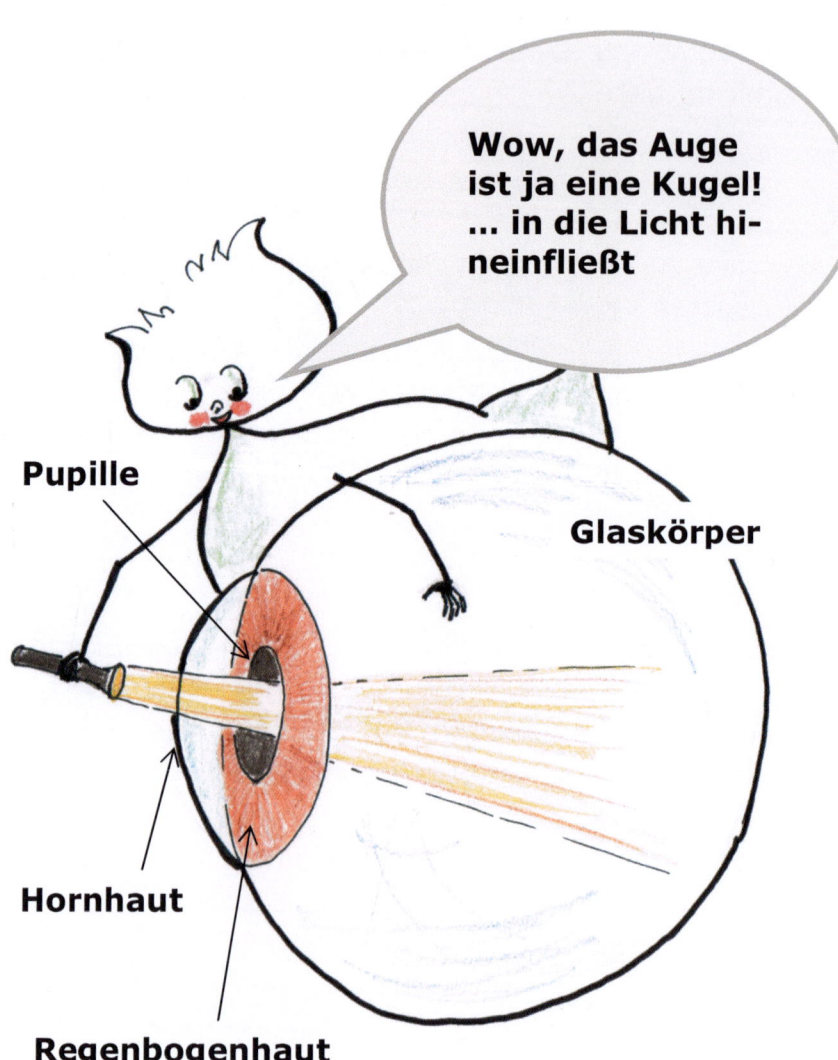

Der **Glaskörper** liegt wie eine Kugel in der Augenhöhle und ist lichtdurchlässig. Er gibt deinem Auge Struktur und Halt. Wenn du dich im Spiegel betrachtest, kannst du ihn sehen – es ist das Weiße im Auge.

Die **Hornhaut** ist durchsichtig, das Licht kann hineinfließen. Sie liegt vor der Regenbogenhaut, die auch »Iris« genannt wird.

Die **Regenbogenhaut (Iris)** ist der bunte Bereich (braun, blau oder grün ...). Sie ist ein Muskel, der sich abhängig von der Lichteinstrahlung, also der Helligkeit zusammenzieht oder entspannt.
Welche Augenfarbe hast du?

Die **Pupille, das Sehloch,** ist eine Öffnung. Wie die Blende bei einem Fotoapparat passt sich ihre Größe mithilfe der Regenbogenhaut an den Lichteinfall an.

SchuKi hat die Augenmuskeln entdeckt.

Die **Augenmuskeln** bewegen das Auge in alle Richtungen. Sie sind unsichtbar. Genau sechs Muskeln sorgen für das Auf und Ab bzw. Hin und Her beim Sehen, sogar Augenrollen ist mit ihnen möglich.

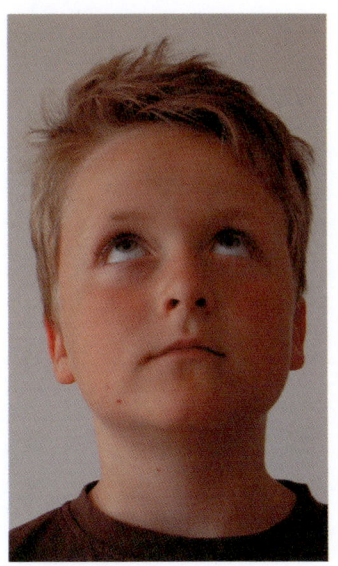 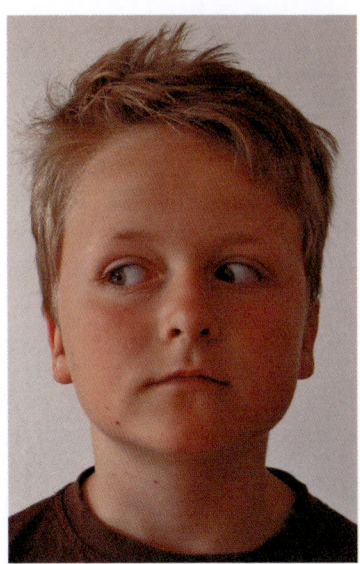

3. Die Augenmuskeln

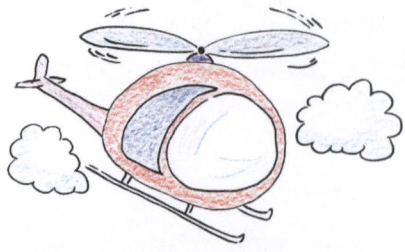

Augen lieben Bewegung! Immer auf der Jagd nach neuen Eindrücken, gleiten sie ständig hin und her, damit ihnen ja nichts entgeht. Schnell richten sie den Blick nach rechts, nach links oder nach oben, wenn zum Beispiel ein Hubschrauber am Himmel entlang fliegt. Wache Augen leuchten! Sie sind beweglich und offen für alles, was um uns herum passiert.

Wusstest du, dass die Augenmuskeln die schnellsten Muskeln im Körper sind? Und dass alle ande-

ren Muskeln im Körper mit ihnen zusammenarbeiten?
Die Augen brauchen Abwechslung, sind voll Neugier auf Unbekanntes. Fernsehen, Laptop und I-Phone lassen die Muskeln der Augen erstarren. Festgehalten und auf die Nähe fixiert, verlieren sie ihre Beweglichkeit.

Bitte sperre deine Augen nicht ein!
Ball spielen, Seilspringen, Kastanien sammeln … das hält die Augen wach!

Hast du SchuKi schon entdeckt?

3.1 Augenmuskeln in Aktion

Wie beim Sport gelingt ein Training der Augenmuskeln besser, wenn du vorher deinen Körper in Schwung bringst. Am besten fängst du gemütlich im Liegen an. Der Vorteil ist, dass du dann nicht auf dein Gleichgewicht zu achten brauchst, das macht es am Anfang leichter. Du musst wissen, dass die Augen ein Teil deines Gleichgewichtssinns sind. Sie helfen beim Stehen, Gehen und auch beim Balancieren.

Probiere doch mal auf einem Bein zu stehen! Geht das?

... und jetzt schließe dabei die Augen! Na, immer noch leicht?

Wissenswertes:
Eine entscheidende Voraussetzung für die erfolgreiche Teilnahme an unserer Gesellschaft sind die Fertigkeiten im Lesen, Schreiben und Rechnen. Die erforderlichen Kernkompetenzen zu erlangen, gelingt leichter mit einem gereiften visuellen System. Lesen erfordert fließende, horizontale Augenbewegungen und die Koordination beider Gehirn- und Körperhälften. Rechnen benötigt die geübte, vertikale Richtung. Kinder mit ungeübten koordinativen Fähigkeiten haben es später beim Lernen schwerer. Eine gesunde frühkindliche Entwicklung sämtlicher Bewegungsmuster, wie zum Beispiel das Krabbeln und Balancieren, erleichtert das Begreifen in der Schule.
Das Sehsystem besteht aus einem sensorischen und einem motorischen Teil. Es arbeitet im Verbund mit allen Sinnen.

Sensorischer Teil: Dazu gehören Netzhaut, Sehnerv und viele Nervenbahnen im Gehirn. Gemeinsam bilden diese das Sehzentrum.

Motorischer Teil: Hierzu rechnet man die äußeren Augenmuskeln, den Ziliarmuskel und Irismuskel.

Nur wenn das Zusammenspiel aller Komponenten funktioniert, ist Sehen in seiner vollen Dimension möglich. Es entfaltet sich durch fördernde Stimulation, denn das Sehen wird erlernt, genauso wie Laufen und Sprechen.

Für den kindlichen Reifeprozess spielen Augenbewegungen eine wesentliche Rolle. Zunächst lösen diese reflexartige Körperbewegungen aus, die mit der Zeit in bewusste Bewegungen übergehen. Es ist ein weiter Weg, bis ein Kleinkind lernt, seine Muskeln koordiniert zu steuern und zum Beispiel das erste Mal steht.

Zeitgleich zur motorischen Entwicklung wird das Sprechen und Begreifen erlernt. Da die aufrechte Haltung ein komplexes Miteinander zwischen Nackenmuskulatur, Augenmuskeln und Gleichgewichtssinn erfordert, gibt es viele Sehspiele, die zunächst im Liegen die Augenbewegungen trainieren. Sehtrainer empfehlen, mit diesen zu beginnen.

3.2 Aufwärmübungen im Liegen

Päckchen entfalten

Ziehe im Liegen die Beine an. Versuche diese zu umarmen und dabei hin und her zu schaukeln. Dies entspannt den Rücken.

Fange an den Kopf nach rechts zu drehen, gleichzeitig streckst du den rechten Arm und das rechte Bein. Schau dabei in deine Handfläche.
Über die Mitte ziehst du die Beine wieder zu einem Päckchen zusammen. Wende den Kopf jetzt nach links. Strecke auf der anderen Seite Arm und Bein aus.

Wissenswertes:
Die Päckchen-Übung ist eine wichtige Vorstufe der Überkreuzbewegungen. Bevor das Gehirn lernt, beide Körperseiten gleichzeitig zu steuern, muss ein Baby einseitige Bewegungen geübt haben. Auf dem Rücken liegend wiederholt das Baby viele Male zunächst Bewegungen mit nur einer Körperhälfte. Erst dann fängt es an, über die Mittellinie auf die andere Seite zu greifen, bis es durch Zufall auf den Bauch rollt. Mit ungefähr einem halben Jahr können Eltern beim Kriechen und Krabbeln die fließenden Kreuzmusterbewegungen beobachten, die das Kind jetzt entwickelt.

Frühkindliche Reflexe spielen in der Bewegungs- und Sehentwicklung eine wichtige Rolle. Sie initiieren reflexartig über Reize verschiedenste Bewegungsmuster. Im Verlauf der Kindheit werden diese gehemmt. Geschieht dies nicht, hat das auch Auswirkungen auf flüssige Augenbewegungen.
.
Der **asymmetrisch tonische Nackenreflex (ATNR)** spielt dabei eine besonders große Rolle. Bereits im Mutterleib nutzt der Fötus diesen zur Entwicklung von noch unbewussten Bewegungen. Dreht der Embryo seinen Kopf zur Seite, strecken sich die Gliedmaßen auf der Gesichtsseite, während sich Arme und Beine auf der Hinterhauptsei-

te beugen. Die horizontale Drehbewegung des Kopfes bzw. der Augen trainiert auf diese Weise schon ganz früh den Muskeltonus von Armen und Beinen. Auch während der Geburt trägt der ATNR entscheidend zum Vorwärtskommen im Geburtskanal bei. Ein Kind mit Kaiserschnitt, wird diesen Reflex nicht in vollem Umfang ausschöpfen, was in der späteren Entwicklung zu Verzögerungen führen kann.

Bis zum sechsten Lebensmonat ermöglicht der ATNR eine freie Luftzufuhr. Liegt das Baby auf dem Rücken, löst die Drehung des Köpfchens die Streckung der gleichseitigen Muskulatur aus. Die Augen verfolgen noch unbewusst das Händchen – die erste Augen-Hand-Koordination. Dabei entwickelt es ganz nebenbei die Fähigkeit, nahe Gegenstände zu fixieren. Indem das Ärmchen zufällig Gegenstände berührt, speichert das Gehirn die erfahrenen Entfernungen ab. Durch die wechselseitige Bewegung schult das Baby die Entfernungswahrnehmung. Dinge können jetzt auch außerhalb der Nahpunktfixierung (12 – 17 cm bei Geburt) erfasst werden. Die Weitsicht entwickelt sich dann in der zweiten Hälfte des ersten Lebensjahres.

Mit sechs Monaten hat der ATNR seine Aufgabe erfüllt und wird gehemmt. Das Hemmen dieses

Reflexes ermöglicht die Weiterentwicklung von neuen, komplexen Bewegungsmustern. Augenbewegungen können jetzt von rechts nach links erfolgen, ohne dass gleichzeitig eine Bewegung der Gliedmaßen aktiviert wird – das ist wichtig für das spätere Lesenlernen. Die Koordination beider Augen beeinflusst auch den Gleichgewichtssinn und benötigt Übung..
Erst jetzt sind flüssige Überkreuzbewegungen möglich, zunächst in der Krabbelbewegung und später im Gehen. Dabei lernen die Augen zu fusionieren; erstes Stereosehen entsteht.

Es gibt noch mehr frühkindliche Reflexe die, im Zusammenspiel mit Bewegung, das Sehen und Denken aktivieren.

Überkreuz im Liegen

Liege bequem auf dem Rücken. Strecke Arme und Beine. Spüre, wie deine Wirbelsäule sich dehnt. Nun führe das rechte Bein zur linken Hand und umgekehrt.

Wer kann die Überkreuzbewegung am besten? Kannst du auch deine Hand mit dem gleichen Bein verbinden?

Schneide dir zwei Kärtchen aus und male auf dem einen ein X und auf dem anderen zwei parallele Linien: | |

X steht für Überkreuzbewegungen – rechte Hand auf linkes Knie – und umgekehrt.

| | bedeutet gleichseitige Bewegungen – rechte Hand auf rechtes Knie – und andere Seite.

Jetzt hält ein Freund die Kärtchen so, dass du diese sehen kannst. Entsprechend dem Symbol bewegst du dich.

Auf geht´s! Jetzt bewegen wir die Augen und trainieren die Augenmuskeln. Du wirst sehen, wie gut du danach einen Ball fangen oder Fußball spielen kannst.

3.3 Bewegte Augen im Liegen

Ball an der Schnur – Bastelanleitung

Am besten eignet sich ein alter Tennisball. Bohre mit einem Kastanienbohrer ein kleines Loch in den Ball und drehe eine Ringschraube hinein.

Befestige eine stabile Schnur im Ring, schon ist dein »Ball an der Schnur« fertig.

Idee: Wer einen supercoolen Ball haben will, bemalt diesen mit einem Smiley oder hängt eine kleine Glocke mit an.

»Ball an der Schnur«-Spiele

Ein Kind liegt am Boden. Das andere hält die Schnur mit dem Ball so, dass das liegende Kind diesen gerade eben mit den Händen berühren kann. Der Ball wird sanft hin und her, rauf und runter und im Kreis geschwungen, die Augen verfolgen den Ball.

Bist du allein, dann befestige die Schnur an der Decke. Stupse mit einzelnen Fingern den Ball an, erst mit der linken, dann mit der rechten Hand. Gelingt es, den Ball immer zu treffen?

Versuche auch mit den Füßen im Wechsel den Ball in Bewegung zu halten.

Pilotenübung:

Suche dir einen Freund. Ein Kind liegt, das andere nimmt bei den Füßen Platz. Das sitzende Kind ist der Pilot.

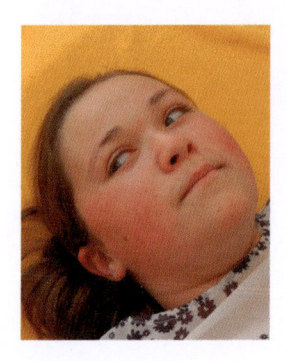

Wie ein Steuerknüppel im Flugzeug nimmt der »Pilot« die Zehen (Füße) vorsichtig in die Hände und zeigt da-damit den Augen die Bewegungsrichtung.

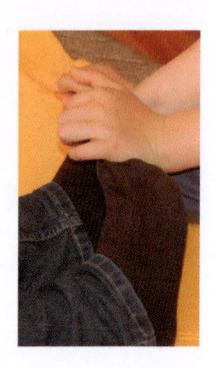

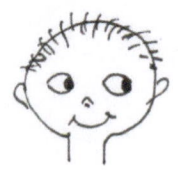

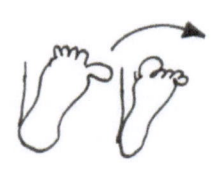

Das Flugzeug (die Augen) fährt rauf und runter, hin und her.
Vielleicht macht es sogar einen Looping?

Wissenswertes:
Überkreuzbewegungen verschalten die rechte und die linke Körperhälfte. Auch die Koordination zwischen oben und unten – Kopf und Füßen – ist für eine gesunde Sehentwicklung notwendig.
Höhendifferenzen im Blick spiegeln sich in der Lage der Hüftknochen wieder. Hat ein Kind Schwierigkeit mit dem beidäugigen Sehen, findet der Osteopath oft eine Beinlängendifferenz; meist sitzt der Oberschenkelknochen dann nicht vollständig in der Hüftpfanne.
Bei Babys, die aufgrund einer Hüftgelenksdysplasie eine Spreizhose getragen haben, lässt sich immer wieder eine mangelnde Koordination zwischen beiden Augen beobachten. Osteopathie oder Craniosacrale Therapie sind wunderbare Methoden, um Fehlstellungen zu korrigieren. Bei Kindern mit Funktionsstörungen im beidäugigen Sehen, greifen Augenübungen dann besser.

Eine Hüftgelenksdysplasie wird zunächst an der Seitenungleichheit der Po-Falten erkannt. Auch die Bewegungen beim Strampeln laufen unrund und können das später so wichtige Krabbeln beeinträchtigen.
Das Tragen im Tragetuch wirkt hierbei präventiv.

Um die Verbindung zwischen Kopf und Füßen zu unterstützen, eignet sich die Pilotenübung hervorragend. Die Augen werden zeitgleich mit den Beinen und den Hüftknochen bewegt. Diese Übung unterstützt das Zusammenspiel von oben und unten. Die Berührung der Füße erdet. Gerade bei Kindern, die gerne träumend durch das Leben gehen und denen es schwerfällt sich zu konzentrieren, ist dies eine sehr effektive, spielerische Übung.

Auch die Übung »Ball an der Schnur« trainiert das Koordinieren der Augen. Mit der Zeit lernt das Kind so, den Körper unabhängig von den Augen zu bewegen. Eine wichtige Voraussetzung, bevor ein Kind steht.

SchuKi ist begeistert. Im Liegen die Augen in alle Richtungen zu bewegen, geht jetzt super. Sogar den »Ball an der Schnur« zu fangen macht nun Spaß und klappt auf Anhieb.

SchuKi will jetzt gerne aufstehen ...
Die Sehtrainerin schlägt ein paar Zwischenschritte vor.

Wieso?

Nach deiner Geburt bist du auch nicht sofort gelaufen. Für deine Augen ist es wichtig vor dem »Stehen« eine Weile zu »krabbeln«. Dein Körper kann dann ganz gemütlich lernen, die Muskeln und Augen miteinander zu verschalten.

4. Das Gehirn – dein großer Computer

Das ist jetzt wichtig!

Als Baby war dein Gehirn noch nicht in der Lage, deinen Körper zu steuern. Die Nervenbahnen mussten sich erst verschalten. Wie in einer kleinen Stadt Menschen durch Telefonleitungen miteinander sprechen können, gibt es im Körper Leitungen, die eine Verständigung zwischen den Körperteilen wie Gehirn, Auge und Arm ermöglichen. Die Schaltzentrale, das Sehzentrum, findest du in deinem Gehirn, die Leitungen nennen wir »Nerven«. Du kannst dir das vorstellen wie ganz viele Telefonleitungen, die alle miteinander verbunden sind. Sie ermöglichen eine Kommunikation zwischen Auge und Hand oder auch Fuß – beim Fußballspielen zum Beispiel ist das super wichtig!

Deine Augen sehen etwas und leiten die Informationen über die Nerven an das Gehirn weiter. Dort wird das Gesehene verarbeitet. Je nachdem, was du dann gesehen hast, werden Signale an die entsprechenden Muskeln oder Organe weitergegeben. Siehst du zum Beispiel ein Eis, fängt der Speichel im Mund schon an zu fließen, deine Hand greift nach dem Eisbecher und die Zunge macht sich bereit, das Eis zu schlecken.

Gehirn

Augen

Zunge

Nervenleitungen

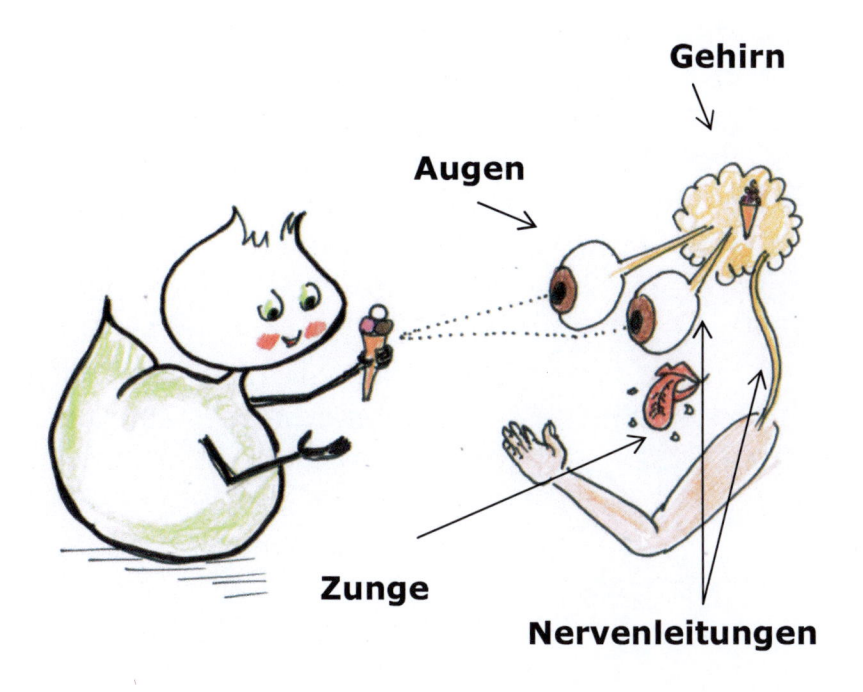

Erblickst du SchuKi, produziert dein Sehzentrum das Bild vom SchuKi in deinem Gedächtnis.

Die vielen Nervenbahnen baust du erst im Laufe deines Lebens auf; immer wenn du etwas Neues lernst, kreierst du zusätzliche Bahnen und je besser du etwas kannst, desto schneller sind deine Nervenleitungen!
… und desto schneller kommst du an dein Eis!

Nach der Geburt hast du deine Muskeln zunächst zufällig bewegt, erst mit der Zeit bestimmst du, was du tust. Spielend programmierst du dein Gehirn, legst Bahnen beziehungsweise Nervenleitungen an und lernst mit der Zeit, deinen Körper bewusst zu bewegen, zu sprechen und zu hören. Je besser und vielfältiger du dies trainierst, desto mehr kannst du erreichen ...
Sogar das Stehen auf einem galoppierenden Pferd.

Auf die über Bewegungen kreierten Gehirnleitungen baust du dann alle anderen Fertigkeiten auf, wie Springen, Tanzen, Singen, Essen aber auch Lesen, Schreiben und Rechnen.
Deine Augen – und natürlich auch du selbst – brauchen also einen fitten Gehirn-Computer.

Denk daran: Willst du viel erreichen, lernen oder gut sehen, dann bewege dich!

4.1 Gehirnknöpfe einschalten

Bevor du etwas Neues lernen willst, schalte deinen Gehirn-Computer ein. Das hilft auch, wenn es dir gerade schwerfällt, dich zu konzentrieren.

Unterhalb des Schlüsselbeines gibt es zwei Punkte, die »Gehirnknöpfe«, die kannst du ganz sanft massieren.

Auch über und unter dem Mund tut es gut, die beiden Punkte zu rubbeln. Gleichzeitig kreist deine andere Hand ganz sanft auf deinem Bauchnabel.

Zum Schluss reibst du dein Steißbein.

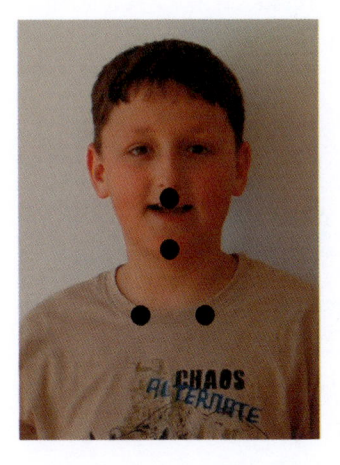

Gehirnknöpfe:

Zwischen Mund und Nase : vorne/hinten

Unterhalb vom Mund: oben/ unten

Unter dem Schlüsselbein: rechts/ links

Wissenswertes
Der amerikanische Sonderpädagoge und Kinesiologe Paul Dennisson entwickelte viele kleine Übungen für Kinder mit Sprach- und Lernschwierigkeiten. Er entdeckte, dass durch das Rubbeln von Akupunktur Punkten die Integration der beiden Gehirnhälften unterstützt wird, eine gute Hilfe um die Konzentration zu stärken. Dieses Wissen nutzt auch das Sehtraining, gerade für die Koordination beider Augen ist das eine wichtige Hilfe. In der Kindersprache benutzte Dennisson das Wort »Gehirnknöpfe«.

Werden die »Gehirnknöpfe«, die unter dem Schlüsselbein liegen und die Endpunkte des Nierenmeridians sind, sanft gerubbelt, aktiviert dies die Kommunikation zwischen der rechten und linken Gehirnhälfte. Massieren wir sanft die Punkte oberhalb und unterhalb der Lippen (Endpunkte der Meridiane »Zentralgefäß« und »Gouverneursgefäß«), regen wir die Nervenverbindungen von oben nach unten und von vorne nach hinten an.

Für die Entwicklung des Sehens ist das Stärken der Rechts-links-Verbindung (Corpus callosum), über die Endpunkte der Nierenmeridiane, die wichtigste Voraussetzung für beidäugiges Sehen. Der Punkt oberhalb des Mundes regt die Gehirn-

verbindungen von vorne nach hinten an. Für das Sehen bedeutet dies, Sehnerv und Sehstrahlung werden eingeladen, Seheindrücke von den Augen in das Sehzentrum schicken.
Unterhalb der Lippen findet sich der Punkt, der Nervenbahnen von oben nach unten verschaltet. Das Rubbeln setzt Impulse, das Gehirn mit dem Rückenmark zu verbinden.

Der Bauchnabel wird immer zeitgleich sanft massiert, das stärkt beim Kind die »Mitte«.

4.2 Krabbeln und Rollen

Du wirst es nicht glauben, aber auch Krabbeln und Rollen hilft dir beim Lernen. Dein Gehirn lernt dabei, die rechte und linke Körperhälfte gleichzeitig zu bewegen.

Wie weit kannst du über deine Körpermitte einen Gegenstand greifen, bevor du dich vom Rücken auf den Bauch drehst?

Rolle dich durch das Zimmer oder den Berg hinunter.

Förderband

Viele Kinder legen sich eng nebeneinander auf den Bauch. Ein Kind darf sich auf das »Förderband« legen. Jetzt beginnen die Förderband-Kinder, sich alle gleichmäßig in eine Richtung zu drehen. Das Kind, das oben liegt, wird dadurch von einem Ende zum anderen befördert.

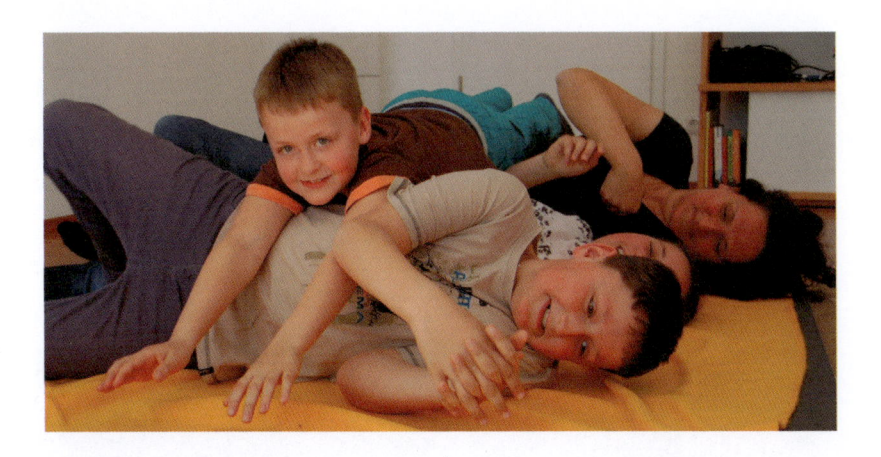

Krabbelspiele

Zur Musik krabbeln viele Kinder durch den Raum. Sobald die Musik stoppt erstarren alle, wer sich bewegt, gibt ein Pfand ab.

Pferdefußball

Zwei Mannschaften versuchen, einen Gymnastikball in gegenüberliegende Ecken zu rollen. Dabei wird gekrabbelt und es dürfen nur der Kopf und der Po benutzt werden.

Ball-Tunnel

Im Vierfüßlerstand bilden viele Kinder eine Schlange oder einen Kreis. Jetzt werden bunte Bälle durch den »Tunnel« gerollt. Wer es schwierig mag, kann rote Bälle vorwärts und grüne Bälle rückwärts kreisen lassen.

Tunnel- Staffel

Zwei Mannschaften bilden je einen »Tunnel«. Dazu stellen sich die Kinder hintereinander mit gespreizten Beinen auf. Der letzte Teilnehmer krabbelt durch den Tunnel nach vorne und stellt sich an den Anfang. Das wird solange wiederholt, bis die Ziellinie erreicht ist. Welche Mannschaft ist schneller?

Armer schwarzer Kater

Alle sitzen im Kreis. Ein Kind, der Kater, krabbelt in die Mitte. Es sucht sich einen Mitspieler aus und setzt sich vor seine Füße. Mit einem jämmerlichen »Miau« versucht es sein Gegenüber zum Lachen zu bringen. Der Mitspieler streichelt dem »Kater« über das Haar und sagt »Armer schwarzer Kater«. Muss das Kind dabei lachen, ist es der neue Kater. Bleibt es bei drei Versuchen ernst, muss der Kater ein anderes Opfer finden.

Wissenswertes:
Bevor ein Kleinkind steht, sind viele Zwischenschritte notwendig. Nachdem einseitige Körperbewegungen geübt wurden, fängt der Säugling an, mit den Händen über die Körpermitte zu greifen. Dies macht der Säugling so lange, bis die erste Drehung von der Rückenlage auf den Bauch zufällig gelingt. Wer das erlebt, erinnert sich gerne an den verdutzten Blick des Babys: Die Welt hat sich gedreht! Auch hier wird mit der Zeit aus der unbewussten Bewegung eine bewusste.

Die Auf-und-ab-Bewegungen des Kopfes lösen bei Kleinkindern die Beugung der Arme im Vierfüßlerstand aus, automatisch sinkt der Kopf und bringt den Fokus der Augen in die Nähe. Dieser Reflex heißt **symmetrisch tonischer Nackenreflex (STN)** und baut auf seinem Vorgänger auf. Auf diese Weise wird die Akkommodation geübt. Während der ATNR das Kind von 17 cm Armlänge bei Geburt auf die Weite ausdehnt, hilft der STN, die Augen wieder auf die Nähe einzustellen, Ziliarmuskel und Linse werden trainiert.
Kinder, die die Phase des Krabbelns und Kriechens überspringen, leiden später oft unter Leseschwierigkeiten in der Grundschule. Sie sacken dann gerne beim Sitzen am Schreibtisch zusammen oder liegen beim Schreiben mit dem Kopf auf

dem Tisch. Räumliche Wahrnehmung und Formkonstanz sind dann erschwert.

Bevor ein Kind krabbelt, schaukelt es auf Händen und Knien vor und zurück. Nur dadurch hemmt sich der STN und ermöglicht ein koordiniertes Krabbeln. Wird diese Phase gestört, rutschen die Kinder lieber auf dem Po oder entwickeln andere Variationen der Vorwärtsbewegung.
In dieser Phase werden die vertikalen Augenbewegungen im Zusammenspiel mit den anderen Muskeln geübt. Gerade für das Lesen von Zahlenkolonen beim Addieren oder Subtrahieren ist dies später von Bedeutung. Auch das Auf-und-ab-Blicken vom Heft auf die Tafel und umgekehrt benötigt eine intergrierten STN.

Die Integration dieses Reflexes wird besonders durch das Spiel »Ball-Tunnel« angeregt. Das Erfassen des Balles, der von vorne kommt, lässt das Kind den Blick heben. Kommt der Ball von hinten, geht der Kopf von unten nach oben. Mit der Zeit löst sich der Reflex auf, das Kind knickt nicht mehr mit den Armen ein und kann den Ball in allen Entfernungen fixieren. Überkreuz-bewegungen sind nun auch im Stehen möglich.

4.3 Koordination zwischen rechts und links

Überkreuz im Stehen

Erinnerst du dich?

Im Liegen hast du schon Überkreuzbewegungen geübt. Probier doch mal, ob es auch im Stehen geht!

Bei X: Überkreuz nach vorne
Lege im Wechsel die rechte Hand auf das linke Knie und umgekehrt.

Bei | | : Einseitig nach vorne
Hier berührt die Hand das Knie der gleichen Seite. Ein lustiger Tanz entsteht.

Wie schnell reagierst du auf die Kärtchen, die dir dein Partner zeigt?
Hast du keine Kärtchen, dann nimm deine Finger.

Signal für vorne über Kreuz

Signal für vorne einseitig

Signal für hinten über Kreuz

Signal für hinten einseitig

Bewegung

hinten über Kreuz

hinten einseitig

Wunderbar, jetzt ist dein Gehirn aktiviert.

5. Sehen mit zwei Augen

Wir erinnern uns: Es gibt sechs Augenmuskeln prof Auge.
Vier gerade, für die Bewegungen nach rechts – links oben – unten, und zwei schräge – diese ermöglichen das Augenrollen.
Dein Gehirn hat die Aufgabe das Zusammenspiel der beiden Augen, wie bei einer Kutsche mit zwei Pferden, so zu steuern, dass nichts durcheinandergerät und du nicht doppelt siehst.

2 schräge Augenmuskeln

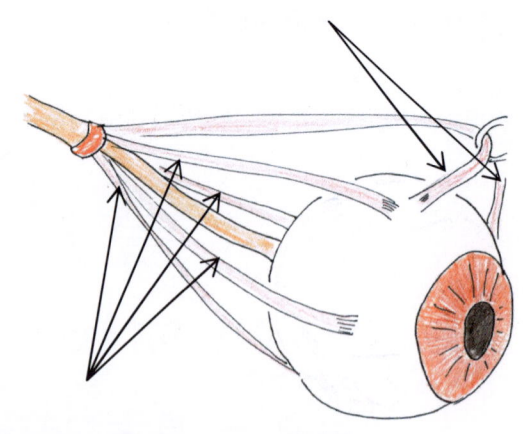

4 gerade Augenmuskeln

5.1 Die Augenkutsche:

Wow, gar nicht so leicht, zwei Augen mit je sechs Muskeln zu steuern! Es braucht einige Übung, bis die Augen lernen gemeinsam auf einen Gegenstand zu schauen.

Das musste dein Gehirn erst lernen. Babys können das am Anfang noch nicht. Schaust du einem Neugeborenen ins Gesicht, kannst du das Durcheinander sehen.

Du kannst dir vorstellen, dass du deine Augen mit deinem Gehirn steuerst, sowie der Kutscher mit den Zügeln seine Pferde lenkt.

Gott sei Dank weißt du jetzt schon, wie du dein Gehirn aktivieren kannst. Fällt dir etwas ein?

Du brauchst bloß zu ...

krabbeln,
    klettern,
        schaukeln,
            rutschen,
                balancieren,
                    fangen,
                        werfen,
                            zielen.

Dabei lernst du wie von selbst deine Augenmuskeln richtig zu lenken – die beste Voraussetzung für das Lernen in der Schule.

»Es macht ja viel mehr Spaß selber zu balancieren, zu klettern und zu springen, als im Fernsehen Kindern dabei zuzuschauen!«

5.2 Auge und Körper in Bewegung

Strecke die Arme nach oben. Probiere, ob du dabei auf Zehenspitzen gehen kannst.
Dann zeigen deine Arme nach unten. Versuche doch mal, ob du mit den Fingerspitzen den Boden berühren kannst.

Nun zeigen die Arme nach rechts und nach links, sie schwingen hin und her.

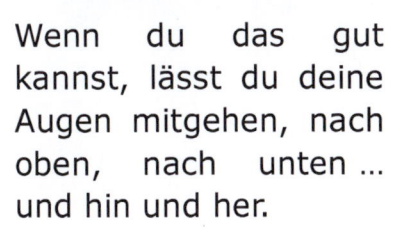

Wenn du das gut kannst, lässt du deine Augen mitgehen, nach oben, nach unten ... und hin und her.

Balanciere ...

auf einem Mäuerchen ...

einem Baumstamm ...

... auf einem Strick, der auf dem Boden liegt. Wie beim Seiltanzen gehst du auf dem Strick vorwärts oder rückwärts.

Gelingt dir das, ohne runterzufallen?

Balanciere – über Kreuz

Probiere jetzt, deine Füße neben den Strick zu setzen, und zwar so, dass du deinen rechten Fuß auf die linke Seite des Seiles setzt und den linken Fuß rechts davon. Das gibt eine lustige Überkreuzbewegung.

Wer kann es am schnellsten, ohne durcheinanderzugeraten?

Wissenswertes:
Die Krabbelphase aktiviert die Verbindung zwischen den beiden Gehirnhälften. Bei älteren Kindern oder Erwachsenen verbinden Überkreuzbewegungen die beiden Hemisphären. Wir erinnern uns, dass das Zusammenspiel von rechts und links die wichtigste Voraussetzung für beidäugiges Sehen (bzw. Stereosehen) ist.

Die klassische Überkreuzbewegung stammt aus der Kinesiologie; es ist das Zusammenbringen von rechter Hand zu linkem Knie etc. im Wechsel. Hierbei kommt es auf die Bewegung der großen

Gelenke an, also nicht schummeln! Die Arme strecken sich weit nach oben, bevor sie das Knie berühren.

Angeregt wird das Gehirn auch durch weitere koordinative Bewegungsmuster, wie z. B. aus dem Tanz, dem Turnen oder dem Jonglieren. Sobald es langweilig wird, weil das Gehirn die Bewegung erlernt hat, benötigen wir zur Anregung eine Modifikation.
Bis ins hohe Alter helfen variationsreiche Körperübungen das Gehirn wach zu halten. Deshalb bleiben aktive Menschen, die zum Tanzen, zum Qi Gong oder zur Gymnastik gehen, länger agil und beweglich. Auch Musiker sind oft noch lange geistig rege, denn jedes Instrument benötigt das geübte Zusammenspiel beider Hände.

Mit ein paar schwungvollen Überkreuzbewegungen aus der Kinesiologie werden auch Erwachsene nach langer PC-Arbeit wieder wach und müde Augen munter.

5.3 Bewegte Augen im Stehen

Fingerclown

Male auf deinen Zeigefinger ein Gesicht. Verfolge deinen Finger mit den Augen in alle Richtungen.

Lustig ist das Spiel auch mit Fingerpüppchen.

Variation:
Mit einem Partner macht dieses Spiel besonders viel Spaß. Stellt euch zu zweit einander gegenüber. Zunächst verfolgt ihr mit den Augen den eigenen Finger. Auf Kommando wechselt der Blick auf den des anderen Kindes. Das ist die Gelegenheit den anderen in Bewegung zu bringen, vielleicht schaffst du es durch geschicktes Führen des Fingers, deinen Freund in die Knie zu bringen. Aber Achtung, du darfst dabei selber nicht den

Blick vom Finger deines Partners nehmen. Spür mal, wie unterschiedlich sich das anfühlt.

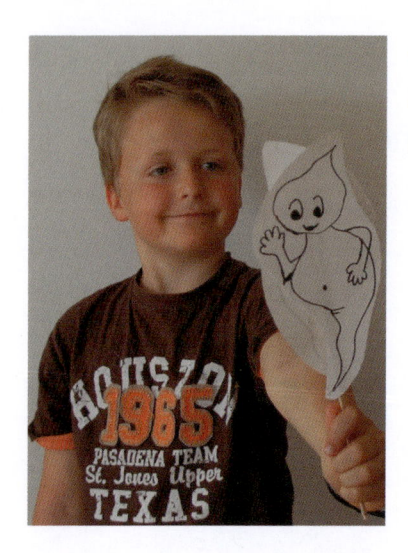

Oder möchtest du mit deinem Blick lieber dem SchuKi folgen?

Kastanien-SchuKi-Bastelanleitung:

In der Kastanienzeit gelingt dir SchuKi ganz bestimmt!

Du brauchst eine Kastanie und ein Stofftuch. Bohre ein Loch in die Kastanie und stecke einen Holzspieß hinein. Dann lege ein Taschentuch über die Kastanie, binde diese ganz knapp darunter mit einer festen Schnur zusammen. Jetzt kannst du das Gesicht bemalen, und wenn du magst, mit Wolle ein paar Haare drankleben.

Fertig ist dein Kastanien-SchuKi!

Ein spannendes Spiel ist auch das »Haus vom Nikolaus«.

Das Haus vom Nikolaus

Male mit deinem Finger vor deinem Gesicht das Haus vom Nikolaus und verfolge den Finger mit den Augen. Sag dabei: »Das ist das Haus vom Nikolaus!«

Dann malst du auf die gleiche Art noch ein kleineres Haus daneben: »Und nebenan vom Weihnachtsmann«
Das geht auch super als Partnerübung!

Noch mehr Augenverfolgungs-Fingerschreib-Spiele ...

Buchstaben in der Luft

Rate, welche Buchstaben dein Freund in die Luft malt. Verfolge die Linien mit den Augen. Oder willst du lieber etwas malen?

Die liegende Acht

Halte deine beiden Hände eng beieinander. Male mit diesen eine liegende Acht. Dabei beginnst du in der Mitte und wanderst zunächst nach rechts oben. Mit viel Schwung machst du einen Kreis, um dann die Kugel nach links oben zu malen.

Variation:
Gelingt die Bewegung im Großen, lässt du deine Augen die liegende Acht mitverfolgen, bis die Augen diese ganz alleine machen können.

Variation:
Es gibt auch Kugelbahnen, die eine liegende Acht beschreiben.

Wissenswertes:
Die Verbindung zwischen den beiden Gehirnhemisphären heißt »Corpus callosum« (»Balken«) und enthält bei einem Menschen rund 200 Millionen Nervenfasern. Sie dient dem Informationsaustausch zwischen den Hemisphären, die sich auf unterschiedliche Aufgaben spezialisiert haben.
Wie bei einem alten Paar müssen die beiden Hälften lernen sich abzustimmen, um z. B. einen Ball richtig fangen zu können. Stärken können wir den Balken bis ins hohe Alter durch allerlei koordinative Spiele. Überkreuzbewegungen, aber auch Musizieren (Klavier, Schlagzeug …) oder Turnen im Sportverein sorgen für die Integration beider Gehirnhälften. Unser Denken baut auf dieser Verbindung auf.

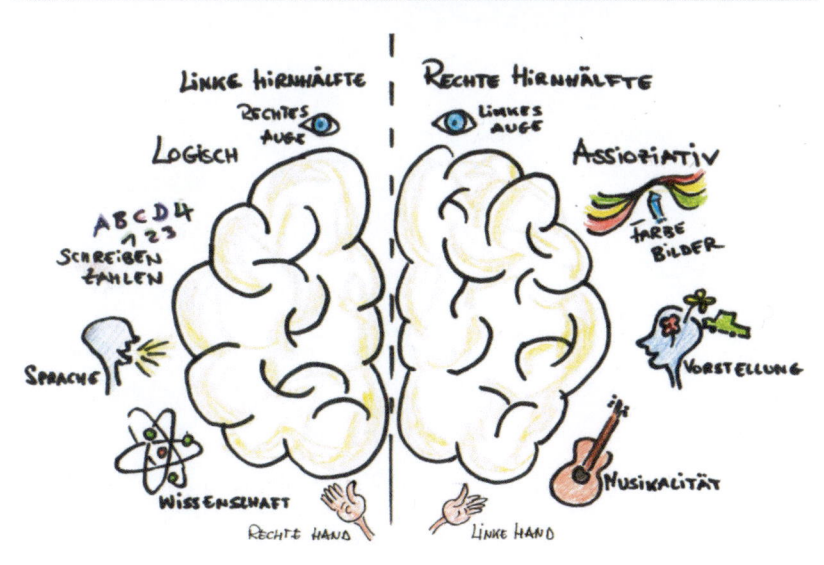

Stress, lange PC-Arbeit oder auch ungenügende kindliche Entwicklung haben negativen Einfluss auf die Gehirnorganisation. In Prüfungssituationen gelingt es dann nur noch schwerlich, das »gerade noch Gewusste« korrekt wiederzugeben.

Eine mangelhafte Verbindung zwischen rechter und linker Hemisphäre wirkt sich auch auf das beidäugige Sehen aus. Räumliches Sehen, Stereosehen, 3D-Bilder – all das geht nur, wenn das Miteinander zwischen rechter und linker Körperhälfte im Fluss ist.

Das Miteinander wird auch durch Übungen mit der liegenden Acht angeregt.

6. Das innere Auge

SchuKi ist ganz aufgeregt. Mit der Sehtrainerin durfte er in das Innere des Auges blicken. Das war vielleicht spannend.
Schau, was SchuKi entdecken durfte …

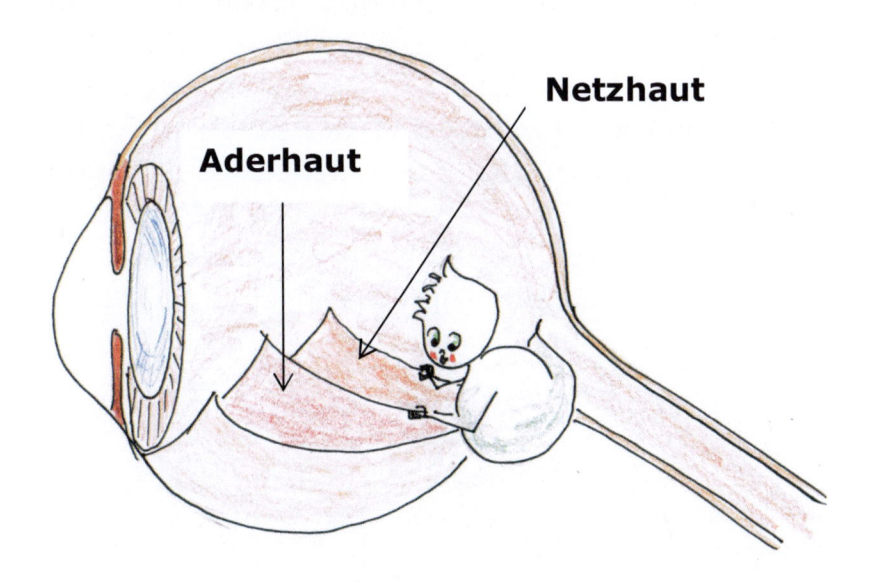

Netzhaut

Aderhaut

Kennst du die hinteren Teile des Auges und weißt du, welche Aufgaben sie haben?

6.1 Die Netzhaut

Die Netzhaut besteht aus verschiedenen Sehnervenzellen, den Stäbchen und Zapfen. Diese reagieren auf Licht. Sie wandeln die Lichtphotonen in Nervenimpulse und schicken diese über den Sehnerv an das Gehirn. Einfach super, wie das funktioniert.

Je nachdem was du tust und wie du deine Augen nutzt, verschalten sich neue Sehbahnen. In Bewegung werden sehr viel mehr verschiedene Leitungen angelegt, als wenn du still sitzt. Das ist praktisch, denn beim Lernen kannst du all diese vorhandenen Bahnen mitnutzen.

6.2 Die Aderhaut

Die Aderhaut versorgt unsere Sehnervenzellen mit vielen Nährstoffen. Werden diese nicht ordentlich gefüttert, wirkt sich das auf die Sehkraft aus. Die Netzhaut braucht besonders gute Nahrung mit vielen Vitaminen und Mineralstoffen. Die findest du vor allem in Obst und Gemüse. Auch in Nüssen sind wichtige Nährstoffe enthalten.
Weißt du, wie das Augenvitamin heißt und in welchen Nahrungsmitteln du es findest?

»Vitamin A, enthalten in Karotten.«

6.3 Der Sehnerv und Sehzentrum

Eine der wichtigsten Nervenbahnen für die Augen ist der Sehnerv. Dieser leitet das, was du siehst und mit der Netzhaut im Auge einfängst, an das Gehirn weiter. Dabei kreuzen sich die Bahnen des rechten und des linken Auges in der Sehnervenkreuzung, bevor sie im Sehzentrum landen. Im Gehirn sind viele Nervenzellen damit beschäftigt, die empfangenen Daten so zu verarbeiten, dass in deinem Kopf Bilder entstehen. Der Augenarzt nennt diesen Teil das »Sehzentrum«.
Umgekehrt schickt beim Träumen dein Gehirn Impulse an die Netzhaut und es entstehen Traumbilder.
Alles was du gesehen hast, wird im Gehirn gespeichert. Es entstehen »Landkarten«, mit deren Hilfe du ganz schnell Dinge mit wenigen Impulsen zuordnen kannst. Der Augenarzt nennt dies das »visuelle Gedächtnis«. Auch das kannst du trainieren, hilft es dir doch später beim Lernen in der Schule.

Augen

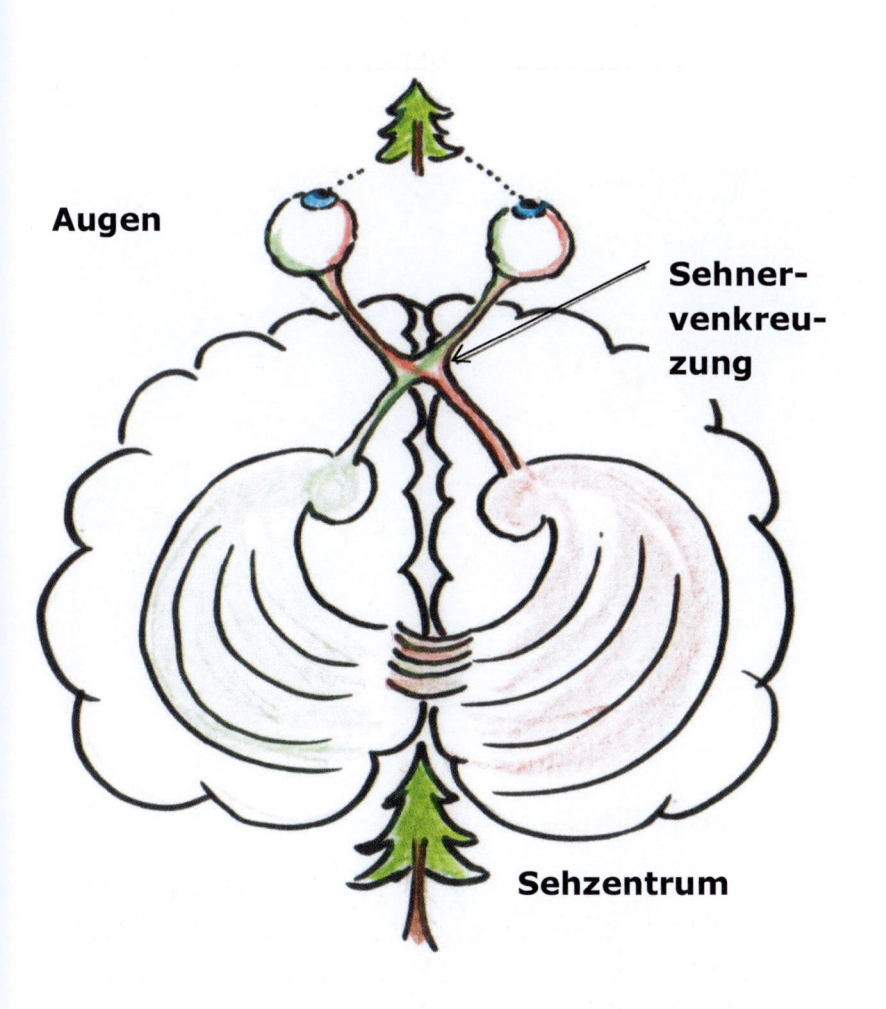

**Sehner-
venkreu-
zung**

Sehzentrum

Kim-Spiel – Blind essen

Verbinde dir die Augen. Ein anderes Kind gibt dir kleine Obst- oder Gemüsestückchen. Kannst du diese am Geruch und am Geschmack erkennen?

Kim-Spiel – Visuell erinnern

Auf einem Tablett sind zehn verschiedene kleine Gegenstände. Diese dürfen die Mitspieler eine Minute lang betrachten. Dann wird das Tablett weggestellt. Wer erinnert sich noch an alle Gegenstände? Jeder schreibt auf, was er noch weiß.

Kim-Spiel – Blind fühlen

Versuche mit verbunden Augen verschiedene Dinge, wie einen Bleistift oder eine Schere, durch Fühlen zu erkennen und zu benennen.

Blinde Kuh

Der Fänger hat die Augen verbunden und versucht die anderen zu fangen. Sobald er ein anderes Kind berührt, tastet er so lange, bis er weiß, wen er vor sich hat. Das neue Kind ist jetzt der Fänger.

Rückenmalen

Male auf dem Rücken deines Freundes Buchstaben oder einfache Bilder. Kann dein Vordermann diese erraten?

Buchstabensalat

Male Worte auf ein Blatt Papier z. B. »Hut«, »Bad« ... Diese legst du vor deinen Partner. Dann malst du eines der Worte auf dem Rücken deines Freundes. Kann dieser erkennen, um welches Wort es sich handelt?
Bei älteren Kindern können auf diese Weise auch Englisch-Vokabeln, Mathehausaufgaben oder Ähnliches geübt werden.

Wissenswertes:
Kim-Spiele waren Anfang des 20. Jahrhunderts sehr beliebt. Der Name beruht auf dem Roman »Kim« von Rudyard Kipling. Die Geschichte handelt vom Jungen Kim, der ohne Eltern in Indien aufwächst und bei einem Händler lernt, seine Sinne zu schulen. Später nutzt er sein waches Gehirn, um als Spion zu arbeiten.
Spiele, die die Wahrnehmung schulen, wurden nach dieser Romanfigur benannt – Kim-Spiele. Sie sind altersunabhängig und können ab drei Jahren bis ins hohe Alter gespielt werden. Sie eignen sich besonders gut auf Kindergeburtstagen oder Klassenfahrten.

Kim-Spiel – Veränderung wahrnehmen

Ein Teilnehmer wird aus dem Zimmer geschickt. Während dieser draußen wartet, verändern die anderen zum Beispiel die Sitzordnung oder vertauschen die Kleidung. Nach einer Weile darf das rausgeschickte Kind wieder hereinkommen. Findet es heraus, was sich verändert hat?

7. Die Netzhaut im Detail

Der Licht-Empfänger im Auge ist die Netzhaut. Dort gibt es zweierlei Sehnervenzellen, die für das Umwandeln der Lichtsignale zuständig sind. Erst wenn die Lichtphotonen in Nervenimpulse umgewandelt wurden, können diese über die Sehnerven an das Sehzentrum weitergeleitet werden. Es gibt zwei verschieden Arten von Sehnervenzellen, die das können: die Zapfen und die Stäbchen.

In der »Makula«, dem »gelben Fleck«, findest du vorwiegend Zapfen. Im Verhältnis zur gesamten Netzhaut ist diese Stelle winzig klein. Je weiter du auf den Rand der Netzhaut schaust, desto weniger Zapfen triffst du dort an, dafür tauchen vermehrt Stäbchen auf, ganz außen sind diese sogar ganz alleine.

Ein gesundes Auge liebt es, die Zapfen und die Stäbchen im Wechsel zu nutzen. Am liebsten ist es ihm, wenn möglichst viele Sehnervenzellen gleichzeitig arbeiten. Dann hat das Gehirn genügend Sehimpulse und kann wunderbare Bilder hervorzaubern.

Periphär - Stäbchen

Fokussiert Makula - Zapfen

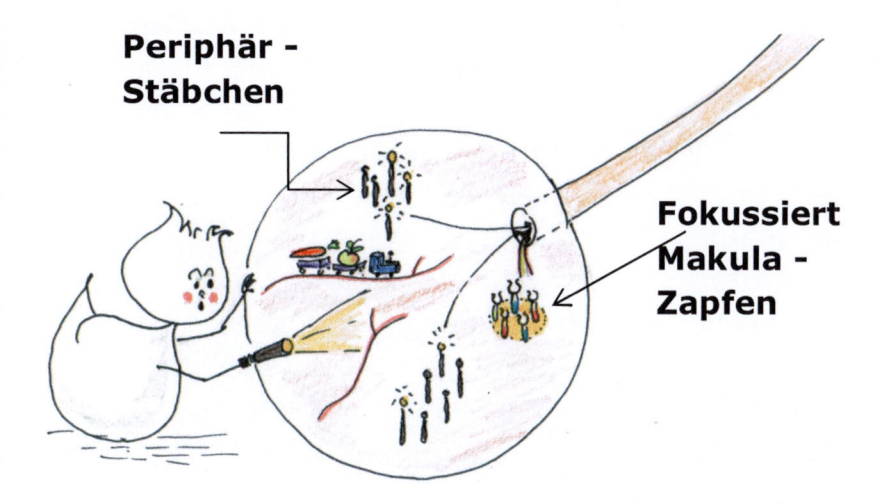

In Bewegung gelingt es leichter, ganz viele Sehnervenzellen zu aktivieren. Zum Beispiel fließt beim Trampolinspringen ein Haufen von Lichtreizen in deine Augen und berührt so viele, viele Sehnervenzellen. Das macht den Augen Spaß ... und dir hoffentlich auch.

Auch beim Umherschweifen bleiben Augen lange gesund und munter.

7.1 Die Zapfen – fokussiertes Sehen

Mit den Sehnervenzellen, die »Zapfen« heißen, kannst du Details und Farben erkennen. Wir erinnern uns, diese sitzen vor allem im gelben Fleck, der Makula. Lesen und Schreiben, aber auch am Computer spielen, auf dem Handy Nachrichten verschicken, Fotos auf dem I-Phone betrachten – diese Arbeit wird vorwiegend von den Zapfen geleistet. Im Sehtraining sagen wir dazu »fokussiertes Sehen«.

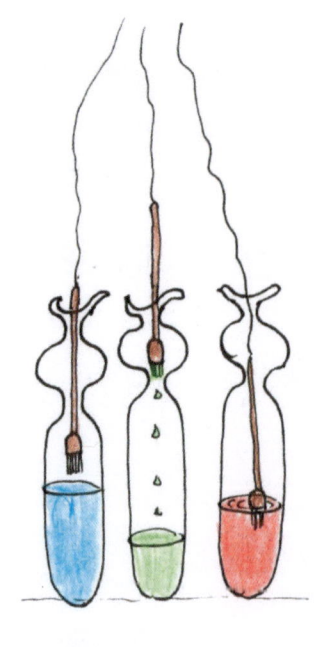

Sehnervenzelle für fokussiertes Sehen - Zapfen

So wie du, brauchen deine Zapfen immer wieder eine Ruhepause, sonst schaffen sie es nicht mehr ihre Farbtöpfe zu füllen!

Der Computer-Blick – fokussiertes Sehen

Am Computer kommt es auf ganz genaues Sehen an – das ist auch das Sehen, das du zum Lesen und Schreiben brauchst. Fokussiert sehen ist auf die Dauer sehr anstrengend und nur mit gesunden Zapfen zu leisten.

7.2 Die Stäbchen – peripheres Sehen

Es gibt noch andere Sehnervenzellen, die nennen wir »Stäbchen«. Das sind Spezialisten für die Dämmerung und für das Sehen von kleinsten Bewegungen. Sie können hell und dunkel noch ganz lange unterscheiden, wenn die Zapfen schon längst nichts mehr wahrnehmen. Stäbchen sind vor allem auf die Umgebung, die Peripherie gerichtet. Wir nennen diese Qualität im Sehtraining das »periphere Sehen«.

Sehnervenzelle für peripheres Sehen - Stäbchen

Der Fußball-Blick – peripheres Sehen

Ein Torwart beherrscht das periphere Sehen besonders gut. Er hat das gesamte Spielfeld im Blick. Nur so ist es ihm möglich kommende Bälle abzuwehren, um sein Tor zu verteidigen.

7.3 Spiele, die die Netzhaut stärken

Ziehharmonika – Blickfeld erfassen

Weißt du, was du alles sehen kannst, ohne die Augen zu bewegen? Das ist das Wunderbare: Dadurch, dass du Stäbchen und Zapfen hast, kannst du ganz viel wahrnehmen, sogar ohne deinen Kopf zu drehen.

Versuche herauszufinden, wie groß dein Blickfeld ist. Dabei schaust du geradeaus nach vorne. Diesmal bewegen sich Augen und Kopf nicht. Zieh deine Hände wie eine Ziehharmonika auseinander: Wie lange nimmst du diese noch wahr, ohne dabei den Blick zu verändern?

Super, wie viel du sehen kannst! Dazu gibt es eine kleine Geschichte.

Achtung Löwe!

Vor langer Zeit, als es noch Drachen und Löwen gab, war das richtige Einschätzen der Lage für das Überleben entscheidend. Nur wer Gefahren sofort erkannte, wusste, inwieweit es sich lohnte zu kämpfen oder ob es nicht doch besser war davonzulaufen. Gefährlich waren damals vor allem Diebe, Räuber, wilde Tiere und Feinde. Um angemessen zu reagieren, wechselte die Netzhaut rasch zwischen peripherem und fokussiertem Sehen. Das bedeutet: Wache Augen beobachten die Umgebung, egal womit du dich beschäftigst. Im Augenwinkel nehmen sie superschnell wahr, ob ein angriffslustiger »Löwe« in dein Gesichtsfeld tritt ... oder deine Mama. Blitzschnell richten sie sich auf den Eindringling, fokussieren, schauen wer oder was da ist: bedrohlich oder harmlos?
... *Uff, nur die Mama – du kannst beruhigt weiterspielen.*  
Deine Netzhaut macht das immer noch, auch wenn es keine Löwen bei uns gibt.

Brüllen wie ein Löwe

Stellt euch paarweise im Vierfüßlerstand gegenüber und dann geht´s los … brüllen wie ein Löwe!

Das macht Spaß, lockert die Kiefermuskeln … und öffnet das periphere Sehen.

Was meinst du, wann schaust du mit dem Fußballblick, peripher, und wann mit dem Computerblick, also fokussiert?

Antworten:

- Fokussiert siehst du beim Schreiben, Lesen, Nähen, SMS-Tippen, bei Computerspielen,
- peripher siehst du beim Ball Spielen, Tanzen, Wandern, Fahrradfahren.

Wichtig ist es natürlich, beides zu üben! Also Achtung, wenn du den ganzen Tag in der Schule gelesen und geschrieben hast, macht es Sinn in deiner Freizeit den Fußball-Blick zu nutzen.

Alles klar... für Fußball halte ich gerne meinen Blick offen und nutze peripheres Sehen ...

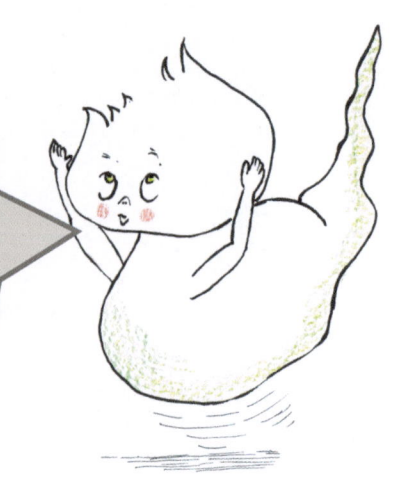

7.4 Fußball-Blick-Training

Fokussiert zu sehen ist auf die Dauer sehr anstrengend. Gott sei Dank gibt es viele Spiele um den Fußballblick – das periphere Sehen – zu trainieren.

Puschel wedeln

Nimm ein paar Cocktailstäbchen mit Glitzerpuschel und »kitzle« damit dein Gesichtsfeld. Wie die Cheerleader tanzt ihr mit den Stäbchen ein lustiges Spiel, das den peripheren Blick wieder anregt.

Augenwinkelspiel

Schau geradeaus. Ein Freund nimmt ein buntes Tuch und wedelt mit diesem von hinten in dein Gesichtsfeld hinein. Ab wann kannst du erkennen, welche Farbe es ist?

Gelingt dir dies auch, wenn du dabei gleichzeitig liest?

Variation:
Statt Farben könnt ihr einfache Bilder nehmen oder mit den Fingern die Zahlen eins bis fünf zeigen.

Variation:
Kommt die rote Farbe, dann singst du, kommt die blaue Farbe, dann klatschst du, kommt Grün, dann springst du in die Höhe.

Und jetzt, zum Schluss – probiere den Unterschied: Du schaust auf dein Buch und liest. Zeitgleich läßt dein Freund ein farbiges Tuch von hinten in dein Blickfeld wandern. Wie lange brauchst du jetzt während des Lesens, um wahrzunehmen, dass etwas in dein Gesichtsfeld eintritt?

Papp Oval

Schneide aus Papier ein Oval und klebe es senkrecht auf deine Stirn. Jetzt gehe durch den Raum und nehme wahr, wie es sich anfühlt, nur seitlich zu sehen.

Wenn du mutig bist, dann kannst du nach einer Weile die Pappe quer nehmen und umher wandern. Dann probiere wieder die senkrechte Variante aus. Die ist doch jetzt babyleicht, oder?

Bändertanz

Mit einem Gymnastikband kannst du wunderbar zur Musik tanzen und viele bunte Figuren in die Luft malen. Kreise, Schlangen, Achter ... alles ist möglich. Lade deine Augen zu einem lustigen Tanz ein und folge dem Band mit den Augen. Du kannst das Band in einem Sportgeschäft kaufen oder selber basteln ...

Variation:
Bunte Tücher lassen sich auch wunderbar schwingen.

Bänderstab – Bastelanleitung

Nimm einen Stab oder einen dicken Ast.

Bohre mit dem Kastanienbohrer ein Loch vor, drehe eine Ringschraube hinein und befestige daran ein langes Band, ca. 2 – 3m.

Fertig!

Wissenswertes

Immer mehr Kinder werden kurzsichtig und, im Gegensatz zu früher, auch viele junge Erwachsene, die durch die Arbeit viel vor dem Bildschirm sitzen. In Kulturen, die den Schwerpunkt der Kindererziehung vorwiegend auf Naharbeit und Förderung der intellektuellen Fähigkeiten legen, wie zum Beispiel Japan oder Korea, liegt diese inzwischen sogar bei ca. 90 %. Statistiken zeigen, dass ein hoher Bildungsstand vermehrt mit Kurzsichtigkeit einhergeht.

Bei Geburt ist das Auge, wie das Baby, noch ganz klein. Bis zum Schulbeginn muß der Augapfel von anfänglichen 17 mm auf ca. 24 mm wachsen. Beim Schuleintritt sollte dieser Schritt abgeschlossen sein, ein Kind erreicht normalerweise mit ungefähr 7 – 8 Jahren seine optimale Sehkraft. Jetzt erst ist das Sehsystem reif für das fein abgestimmte Zusammenspiel zwischen Auge und Gehirn und kann sowohl die Ferne als auch die Nähe optimal wahrnehmen. Man nennt dies den *Emmetropiesierungsprozess*. Längenabweichungen des Glaskörpers von einem Zentelmillimeter verursachen schon Sehstörungen. Die Sehentwicklung eines Kindes verläuft in den ersten Lebensjahren sehr schnell, während die Entwicklung der Feinabstimmung der Sehschärfe und die der Blicksteuerung noch während der ganzen Schulzeit stattfinden. Diese kann man noch im Erwachsenenalter durch Üben positiv beeinflussen.

Weitsichtigkeit (Hyperopie):
Ursache der Weitsichtigkeit ist meist ein zu kurzer Augapfel, manchmal aber auch eine zu geringe Brechkraft der Linse und der Hornhaut. Dadurch entsteht das Bild hinter der Netzhaut.

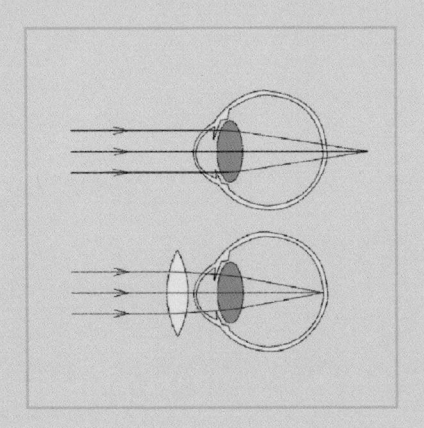

In der Ferne kann der Weitsichtige alles gut erkennen, um aber in der Nähe scharf zu sehen, muss er die Brechkraft durch Akkommodation erhöhen. Mit der Akkommodation ist aber die Konvergenz, das Einwärtsdrehen der Augen gekoppelt. Dadurch kann es beim Sehen in der Nähe zu einer überschießenden Konvergenz kommen und damit zu latentem nach innen Schielen.

Kurzsichtigkeit (Myopie):
Bei der Kurzsichtigkeit ist der Augapfel zu lang, bei wenigen Menschen die Brechkraft zu hoch und der Brennpunkt liegt vor der Netzhaut. Schaut der Kurzsichtige in die Ferne, sieht er dort alles verschwommen und unscharf.

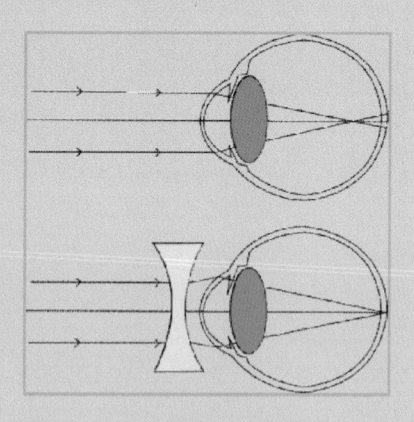

Neue Studien belegen, dass das viele Starren auf Bücher oder Bildschirme das Längenwachstum des Auges negativ beeinflusst. Dabei spielt nicht nur das ständige fokussierte Sehen eine Rolle, auch Licht scheint den Regelkreis des Längenwachstums vom Auge anzuregen.
Frank Schäffel, Leiter der Sektion für »Neurobiologie des Auges« am Forschungsinstitut für Augenheilkunde im Universitätsklinikum Tübingen[1]

---

[1] http://www.laborundmore.com/archive/226343/Augenheilkunde-Kurzsichtigkeitsforschung-Myopie.html

zeigt in seinen Studien mit Hühnern, die Korrelation zwischen Helligkeit und Augenlängenwachstum. Forscher in Taiwan[2] bestätigten in der Tat, dass Kinder, die täglich drei Stunden spielend im Freien verbringen weniger häufig kurzsichtig wurden, als entsprechende Kontrollgruppen. Eine Erklärung könnte sein, dass die Ausschüttung des Botenstoffes Dopamin in der Netzhaut bei hellem Licht steigt und Dopamin das Längenwachstum des Auges hemmt. Bei wenig Licht wird bedeutend weniger Dopamin erzeugt, die Gefahr kurzsichtig zu werden steigt. Jeder Millimeter länger bedeuten dabei drei Dioptrien mehr.

Die Empfehlung lautet daher, Kinder in den Pausen und nach der Schule möglichst viel Zeit draußen im Freien verbringen zu lassen, wo sie bei viel Licht häufig in die Ferne blicken können.

---

[2] http://www.welt.de/gesundheit/article131798051/Spielen-am-Bildschirm-macht-viele-Kinder-kurzsichtig.html

8. Ziliarmuskel und Linse

SchuKi hat noch einen spannenden Teil im Auge entdeckt. Er ist durchsichtig und kommt direkt hinter der Regenbogenhaut. Er sieht aus wie eine Linse. Die Sehtrainerin erklärt, wie wichtig diese Struktur für das Lesen ist.

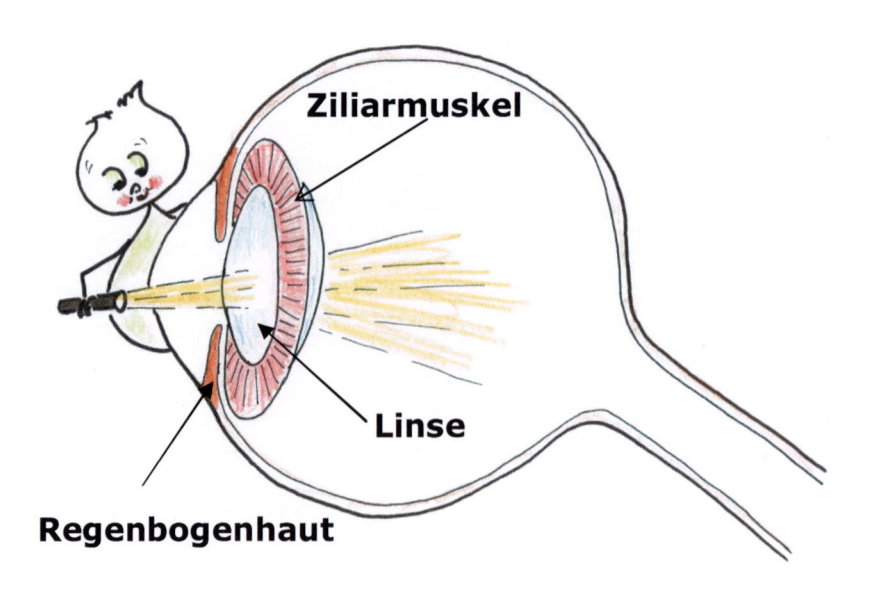

8.1 Nah- und Fernblick

Die Linse ist durchsichtig und sehr beweglich. Du findest sie hinter der Pupille, hinter der Regenbogenhaut. Sie liegt wie eine dicke Scheibe im Ziliarmuskel.

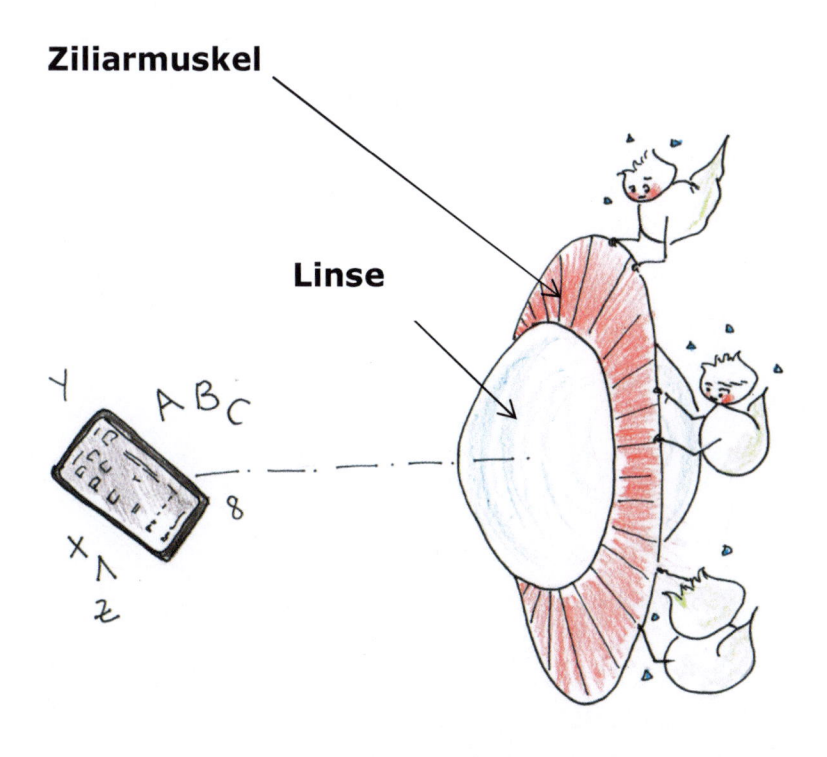

Wenn du auf nahe Dinge siehst, spannt sich der Ziliarmuskel an und die Linse wird dick,wenn du in die Ferne schaust, lässt der Ziliarmuskel los und die Linse wird flach.

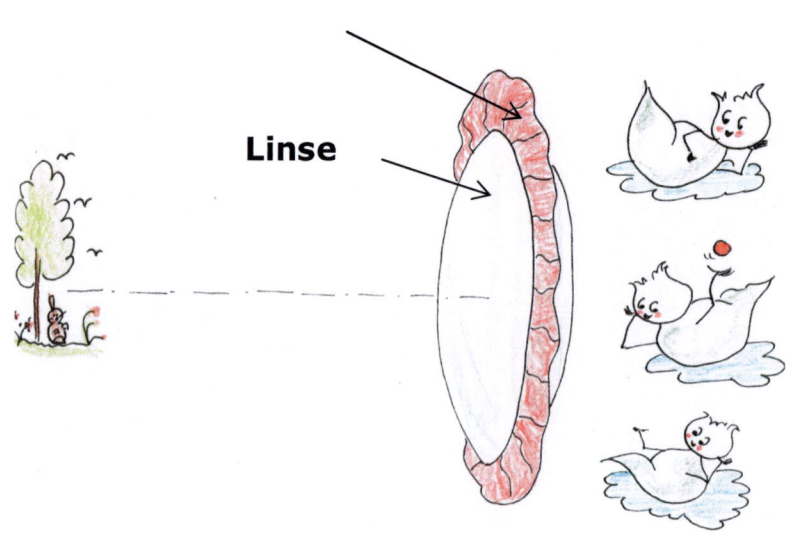

Ziliarmuskel

Linse

Die Augenlinse verändert sich also, je nachdem, was du sehen möchtest.

Nah-Blick:

Schau auf ein Detail z. B. eine Blume oder deinen Fingernagel – jetzt wird deine Linse rund, fast wie eine Kugel.

Fern-Blick:

Blickst du in die Ferne z. B. an die Tafel oder in die Berge, wird die Linse flach. Der Ziliarmuskel, ein kreisförmiger Muskel, bewegt deine Linse.

Wir machen das täglich viele Tausend Mal!

Hältst du deine Augen lange Zeit in der Nähe fest, strengt das Linse und Ziliarmuskel sehr an.
Stell dir vor, du sitzt den ganzen Tag vor dem PC oder Fernseher und starrst immer auf die gleiche

Stelle oder du schreibst den ganzen Tag eine SMS nach der anderen – irgendwann verlierst du die Fähigkeit, deine Linse ganz schnell von nah auf fern umzustellen.

Beim Blick in die Nähe wird die Ferne unscharf!

Stellt sich dein Auge auf die Ferne ein, wird die Nähe undeutlich.

Gleichzeitig die Nähe und die Ferne können weder das Auge noch ein Fotoapparat scharf stellen. Das Fantastische beim Sehen ist, dass die Einstellung zwischen nah und fern so schnell geht, dass wir das Gefühl haben, immer alles klar und exakt zu sehen. Das geht aber nur, wenn unsere Augen beweglich bleiben.

Normalerweise springen Augen wild durch die Gegend: rauf – runter, hin – her und nah – fern. Sie sind neugierig und haben immer Lust Neues zu entdecken. Kleine Kinder können das besonders gut! Deinen Eltern fällt das vielleicht schon ein bisschen schwerer.
Wie ist es bei dir? Hältst du deine Augen lange am Computer fest? Oder dürfen deine Augen im Freien beim Spielen umherschweifen?
Schwungvolle Augen bleiben gesund!

Kannst du Vögel in der Ferne erkennen?

Wie weit kannst du sie mit deinen Augen verfolgen?

Wissenswertes:
Um kleinste Details zu erkennen, »akkommodieren« die Augen. Bei der Akkommodation spannt sich die Linse mithilfe des Ziliarmuskels an; sie wird kugelig und stellt sich so auf die Nähe ein. Die Augen konvergieren, d. h., die inneren Augenmuskeln drehen einwärts und die Pupille, der Irismuskel, verengt sich.

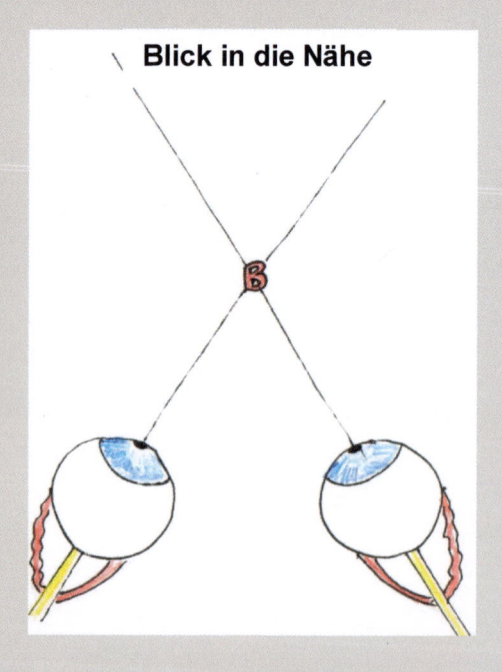

Blick in die Nähe

Dabei spielt das vegetative Nervensystem eine große Rolle, denn nur im entspannten Modus gelingt dies leicht. Bei Stress ist ein Mensch immer auf die Peripherie und die Ferne eingestellt, die

Pupille wird weit, die Linse flach und die Augenmuskeln stellen die Augen parallel.

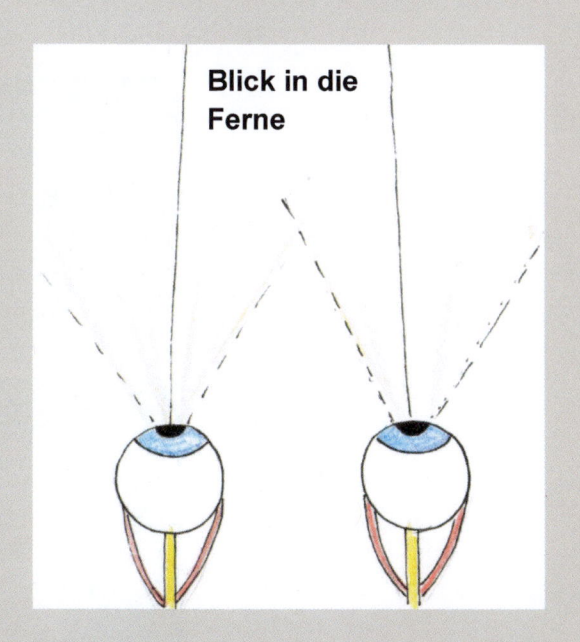

Blick in die Ferne

Naharbeiten, die die Augen im Detailsehen festhalten, ermüden Kinder und Erwachsene. Pausen halten die Augen länger frisch und verhindern eine zu lange Fixierung auf die Nähe, die beste Vorbeugung um eine gesunde Sehkraft zu erhalten. Wird das fokussierte Sehen immer wieder unterbrochen und angeregt durch Sehspiele, haben Kinder- und Erwachsenenaugen die Chance, sich wieder zu erholen. Gerade bei Grundschulkindern hilft dies enorm, denn bei vielen ist das Sehsystem noch nicht vollständig ausgereift.

Untersuchungen zeigen, dass langes Nah-Sehen im Schulalter Kurzsichtigkeit fördert. Nicht umsonst finden wir in Ländern, die ein strenges Schulsystem haben, wie Korea oder auch Japan, sehr viele Kinder mit Brillen.

8.2 Sehspiele für Nähe und Ferne

Nah und Fernschwünge

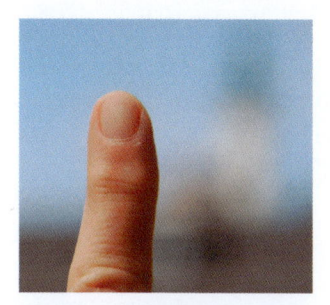

Schau zunächst auf deinen Finger,

dann gleite mit deinem Blick in die Ferne

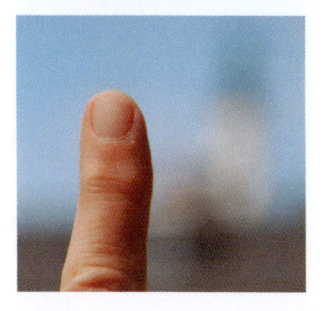

und wieder auf den Finger.

Schau in die Ferne …

Wiederhole das ein paar Mal!

Ballspiele

Stellt euch paarweise auf. Werft den Ball jeweils zehnmal hin und her, zunächst mit beiden Händen, dann mit einer Hand. Jetzt klatscht ihr einmal, bevor der Ball gefangen wird, dann zweimal. Als Nächstes versucht ihr den Ball unter dem erhobenen Bein durchzuwerfen.

Und wer kann sich zum Schluss vor dem Fangen einmal umdrehen?

Ball-Spiel im Kreis

Bildet einen Kreis. Ein Ball wird nun so geworfen, dass jedes Kind einmal drankommt. Diese Wurfbahn müsst ihr euch merken, denn die Bahn bleibt immer gleich.

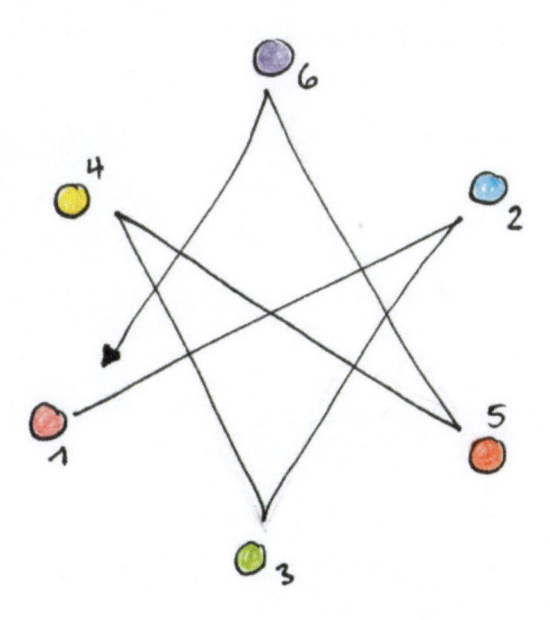

Läuft das gut, kommen immer mehr Bälle ins Spiel. Denk daran: Du wirfst immer zum gleichen Kind und bekommst so auch immer vom selben Kind den Ball zugeworfen.
Gelingt auch dies, könnt ihr die eine Farbe vorwärts und die andere rückwärts laufen lassen.

Reifenwerfen, Federball, Tischtennis etc. sind natürlich auch wunderbare Augenspiele.

Buchstaben-Wechseln

Male dir zwei Sehtafeln; eine mit großen Buchstaben oder Wörtern, die andere mit denselben Buchstaben und Wörtern, aber diesmal in klein. Die Tafel mit den großen Buchstaben hängst du an die Wand, die mit den kleinen hältst du in der Hand. Wechsle nun bei jedem Buchstaben zwischen nah und fern.

```
YL4BEASUMN
K2DSU4LOFZ
HC7AET31YR
PSGNOSRVT
L2KGB5UT3D
AWES8ROXN1
7APT6ENURZ
V4R9SMX2JT
SO2N6ENUSW
L8VSPD1NG7
```

8.3 Spielend fokussieren

Für die Schule sollten deine Augen genau und exakt Buchstaben und Zahlen in der Nähe verfolgen können. SchuKi zeigt dir Spiele, mit denen du das super trainieren kannst.

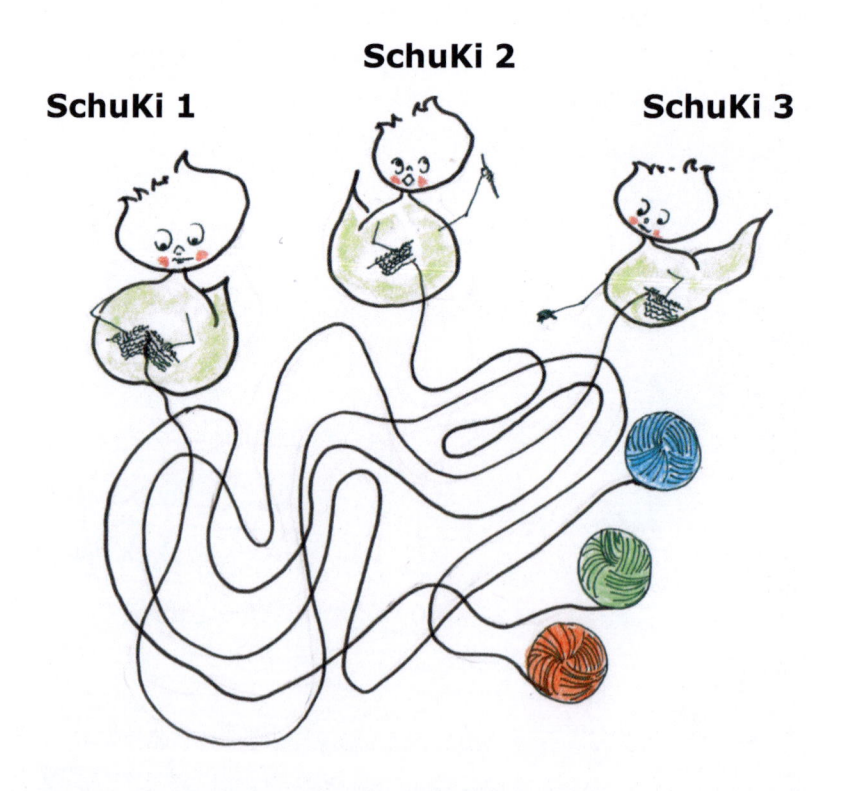

SchuKi 1   **SchuKi 2**   **SchuKi 3**

Alles ist durcheinander! SchuKi sucht seine Wollknäule. Kannst du mit den Augen das richtige Wollknäul dem jeweiligen SchuKi zuordnen?

Augen-Parcours

Male dir eine nicht zu schmale Straße als Vorlage, mit einem Startpunkt und einem Kreis als Ziel. Am Anfang machst du es dir am besten ganz leicht, indem du nur eine grade Straße zeichnest, später kannst du auch Kurven oder gar Hindernisse einbauen. Jetzt lege eine durchsichtige Folie über dein Bild. Nimm einen abwaschbaren Stift und fahre zunächst in der Luft die Straße entlang, vom Startpunkt bis zum Endpunkt. Versuche dir den Weg und die Länge zu merken. Hast du das einige Male geübt, schließe die Augen. Male jetzt mit dem abwaschbaren Stift den erlernten Weg. Dann schau, was du gemalt hast.
Hat es geklappt? Warst du zu kurz oder gar zu lang? Oder hast du womöglich perfekt das Ziel getroffen?

O-Suche

Nimm einen Text nach deiner Wahl und kopiere diesen. Die Schriftgröße sollte eine für dich angenehme Größe haben. Dann drehe den Text auf den Kopf. Verfolge jetzt die Zeilen von links nach rechts und zähle die O's. Wer findet die richtige Anzahl heraus?

Wissenswertes:
Viele Kinder verlieren beim lesen Lernen die Zeile. Oft sind die Augen noch nicht geschult konsequent von rechts nach links zu gleiten, denn normalerweise springen die Augen hin und her und scannen völlig unsystematisch einen Gegenstand ab. Kein Mann würde auf die Idee kommen, eine Frau von links nach rechts ab zu scannen.

Kinder können mit der O-Suche die beim Lesen erforderliche Hin- und Her-Bewegung üben, ohne gleich den Sinn des Textes verstehen zu müssen.

9. Die Pupille

SchuKi ist platt. Dass die Augen so komplex sind, hätte er nicht erwartet. Auch nicht, dass es so wichtig ist zu spielen, um richtig sehen zu lernen.

Jetzt möchte SchuKi nur noch wissen, wieso ein Auge eine Pupille braucht.

Weißt du noch, was die Pupille ist?

Regenbogenhaut

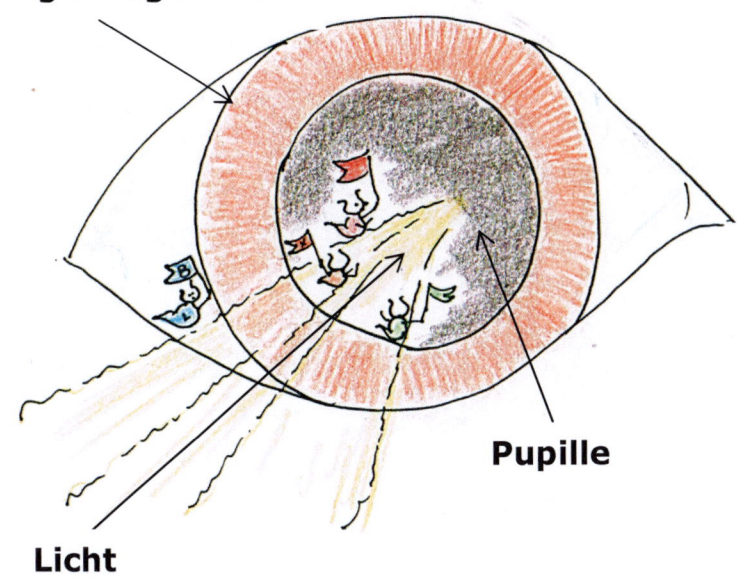

Pupille

Licht

... das Schwarze im Auge, eigentlich ein Loch, das »Sehloch«, das ermöglicht, dass Licht in deine Augen fließt.
Die Regenbogenhaut (Iris) entscheidet, wie viel Licht zur Netzhaut hinein darf.

Das weiß ich doch ... die Iris ist das Bunte im Auge, der schönste Muskel im Körper.

SchuKi besucht seinen Großvater. Er liebt diese Besuche. Es ist immer wieder wunderbar, was man dort alles entdecken kann. Sogar zu dem Thema »Pupille« weiß der Opa Bescheid und er erklärt SchuKi, dass die Pupille wie eine Lochblende funktioniert.

»Lochblende?«

Schon legen die beiden los und basteln ein Loch ...

Lochblende – Bastelanleitung:

Nimm eine schwarze Pappe und mache mit einer Nadel ein winziges Loch hinein (ca. 1 – 2 mm). Schaue durch das Loch. Wenn du vorher nicht so gut gesehen hast, kannst du Details mit diesem Trick sehr viel besser wahrnehmen. Mit welchem Auge siehst du was? Sehen beide Augen gleich?

Wissenswertes:
Im Sehtraining werden gerne Lochbrillen oder auch Rasterbrillen als Übungsbrillen genutzt. Diese bestehen aus einer Vielzahl von kleinen Löchern in einer schwarzen undurchsichtigen Scheibe. Beim Sehen durch eine solche Brille entstehen viele kleine punktförmige Bildsegmente, ohne optische Brechung von Licht. Wer durch eine solche Brille sieht, erhält trotz Fehlsichtigkeit ein klares, scharfes Bild. Der Effekt der Lochblende lässt das Licht der ungebrochenen Lichtstrahlen direkt auf die Makula treffen, die Länge des Augapfels spielt keine Rolle für eine optimale Sehstärke.
Das bewirkt eine Anregung der Augenmuskulatur, diese wird in Bewegung gehalten und dadurch besser durchblutet. Das Starren wird unterbrochen, die schnellen Blickbewegungen gefördert. Die Eigenbewegung der Augen, Saccaden, wird erhöht.
Optisch wird die Raumwahrnehmung nicht verzerrt. Bei einer Korrektur mit einem konkaven Brillenglas bei Kurzsichtigkeit oder einem konvexen Glas bei der Weitsichtigkeit, verkleinert bzw. vergrößert sich die Welt. Wir sind uns nicht bewusst, was es bedeutet, die Umgebung in einem veränderten Größenverhältnis zu sehen.
Kurzsichtige können mit Brille klar sehen, auch weil alles kleiner wird, wie in einer Puppenstube.

Bei Weitsichtigen vergrößert die Brille die Welt, Details werden sonst nicht wahrgenommen.

Der Nachteil der Lochbrille ist, dass kein zusammenhängendes Gesamtbild gesehen wird, daher ist diese Brille beim Auto- oder Fahrradfahren ungeeignet. Menschen mit instabilem beidäugigem Sehen erschwert es die Fusion, das Zusammenspiel beider Bilder, manche Menschen reagieren sogar mit leichtem Schwindel oder gar Übelkeit.
Die Lochbrille ist kein Ersatz für eine normale Sehhilfe, als Augen-Trainings-Brille ist sie aber eine wunderbare Ergänzung.

9.1 Der Pupillenreflex

Wann meinst du, ist deine Pupille weit und wann eng?
Verdunkle den Raum und schau deinem Freund in die Augen. Wie zeigt sich die Pupille? Leuchte jetzt mit einer Taschenlampe ganz kurz hinein. Siehst du einen Unterschied?

Wenn du lesen möchtest, geht das am besten, wenn dein Sehloch, die Pupille, möglichst klein ist. Das geht nur mit einem entspannten Irismuskel. Aber wie jeder Muskel verspannt sich auch der Irismuskel unter Stress, die Pupille bleibt dann groß und weit. Versuchst du unter Anspannung zu lesen, weil du vielleicht sauer auf dich selbst bist oder Angst hast, es nicht gleich zu können, machen sich die Pupille vor Schreck ganz weit. Lesen wird dann immer schwieriger.
SchuKi kennt das gut – das ist der Moment, wo gar nichts mehr geht.

9.2 Sonnen und Palmieren

Da hab ich einen super Trick gelernt ...

Sonnenübung – Helligkeit

Um die Pupille beziehungsweise den Irismuskel beweglich zu halten, wendest du deinen Kopf mit geschlossenen Augen der Sonne zu. Lass das warme Licht durch die Lider hineinfließen.

Wenn du jetzt mit deinen Fingern fächerartig vor deinen Augen hin und her wedelst, siehst du Schatten und Lichtreflexe.

Spannend, was alles trotz geschlossener Augen gesehen wird, oder?

Variation:
Wende deinen Kopf hin und her, sodass das Licht jetzt auch alle Winkel erreicht; mache kleine kreisende Bewegungen um die Sonne, stell dir dabei vor, das Licht durch deine Augen einzuatmen, bis du vollständig ausgefüllt bist mit Licht. Das stärkt deine Netzhaut, löst Spannungen und lässt dich danach wieder besser sehen.

Palmieren – Dunkelheit

Die Netzhaut braucht immer wieder eine Ruhepause. Wie beim Schlafen geht das nur in der Dunkelheit, deshalb nehmen wir die Hände und legen diese ganz sanft vor die Augen. Wenn du die Arme nicht so lange halten kannst, stützt du dich mit deinen Ellbogen auf einem Tisch ab. Dein Kopf ruht in den Händen, deine Augen sind zugedeckt und spüren die angenehme Wärme und Dunkelheit. Wenn es richtig kuschelig ist, dürfen sich sämtliche Spannungen wieder lösen, der Irismuskel atmet auf und entspannt – danach geht auch das Lesen wieder leicht.

Auch SchuKi genießt jetzt die Ruhe. Wie oft kannst du ihn entdecken?

Suchbild

10. Augen-Gutenachtgeschichte

SchuKi liest dir jetzt eine schöne Gutenachtgeschichte für die Augen vor. Bist du bereit? Sind deine Augen abgeschirmt? Hast du es bequem?

Na, dann los...

„Reibe deine Hände und lege diese ganz sanft auf deine Augen, wie eine kuschelige Decke. Schließe deine Augen und spüre die Dunkelheit. Dein Atem ist ganz ruhig, mit jedem Ausatmen ein wenig mehr. Deine Augen kommen zur Ruhe und werden weich und warm.

Jetzt gehe zunächst mit deiner Aufmerksamkeit zu deinen Füßen, die ganz fest auf dem Boden stehen. Du spürst, wie dir aus den Füßen Wurzeln wachsen, ganz tief in den Boden hinein. Wie ein

Baum kann dich jetzt nichts mehr umschmeißen, denn du bist fest im Boden verankert.

Wandere als Nächstes in deine Beine und in deinen Bauch. Spüre, wie dein Bauch beim Ausatmen locker und warm wird. Du fühlst dich ganz schwer, wie kurz vor dem Einschlafen. Auch in den Schultern lösen sich sämtliche Spannungen, mit jedem Ausatmen ein bisschen mehr.

Deine Aufmerksamkeit wandert weiter, die Wirbelsäule hinauf in den Kopfbereich, von dort gelangst du zu deinen Augen. Wie fühlt sich dein rechtes Auge an? Wie dein linkes? Liegen die Augen ganz locker und weich in der Augenhöhle? Bemerkst du Unterschiede? Jucken, beißen oder brennen sie noch ein bisschen? Lass alles, was unangenehm ist, mit dem Ausatmen abfließen.

Welches Auge magst du denn lieber? Oder hast du beide gleich lieb? Gib doch deinen Augen einen Namen. – Na, schon gefunden?

Jetzt stell dir vor, wie sich du und deine Augen sich an der Hand fassen und miteinander spielen, tanzen und lachen. Fühle, wie schön es ist, wenn sich die Augen vertragen und ganz viel Lust haben die Welt zu sehen.

Dann gehe mit deiner Aufmerksamkeit in das Gehirn – ins Sehzentrum.

Spüre, wie gut du jetzt deine Augenkutsche lenken kannst und mit ihr siehst. Deine Augen wandern nach rechts, nach links, nach oben und nach unten.
Gut fühlt sich das an, ganz weich, ganz locker …

Genieße das Gefühl noch ein Weilchen und komme dann langsam wieder hierher zurück. Du spürst wieder deine Atmung, deine Hände, den Boden unter den Füßen und nimmst mit dem nächsten Atemzug ganz vorsichtig die Hände von den Augen, ohne diese gleich zu öffnen. Siehst du, wie das Licht jetzt auch durch deine geschlossenen Lider fällt? Spürst du, wie locker und weich deine Augen jetzt in den Augenhöhlen schwimmen?

Nun mach die Augen blinzelnd ganz sanft wieder auf und schau dich um … Na? Wirkt die Welt jetzt nicht wie frisch gewaschen?"

Jetzt wünsche ich dir viel Spaß! Und denke daran ... Beweg dich schlau!

Danke

Dieses Buch wäre nicht entstanden, gäbe es nicht die vielen Menschen die mich auf diesem Wege begleitet haben. Bei diesen möchte ich mich ganz herzlich bedanken.
Zunächst bei der Familie Bezdek, die in Stockdorf das Familienzentrum EKP (Eltern-Kind-Programm) gegründet hat, ein „Kindzentriertes Elternbildungszentrum" www.ekp.de. Dort durfte ich meine ersten Erfahrungen als Gruppenleiterin sammeln und einige der hier beschriebenen Spiele kennenlernen.
Dann bei Elvira Boguth, Heilpraktikerin und Sehtrainerin, der Austausch mit ihr, war immer wieder sehr befruchtend, auch ihr vielen Dank. Ihre Kindern Lara, Jonas und Elias haben mit Begeisterung alle Sehspiele ausprobiert und mir als Fotomodell zur Verfügung gestanden. Ohne dieses Engagement würde ein wesentlicher Teil dieses Buches fehlen.
Bedanken möchte ich mich auch bei Judith Bolz, NLP-Coach und Sehtrainerin. Der Erfahrungsaustausch mit ihr zum Thema Kindersehtraining war bereichernd und wertvoll.

Und natürlich bedanke ich mich auch für das große Vertrauen, dass mir die vielen Kinder und Eltern in meiner Praxis entgegengebracht haben. Manches Spiel ist durch das Miteinander entstanden, denn mit trockenem Sehtraining kam ich oft nicht weiter. Die Kreativität die von mir gefordert wurde um Kinder bestimmte fördernde Bewegungen machen zu lassen, hat mir enormen Spaß bereitet.

Und zum Schluss bedanke ich mich bei meiner Familie, meinem Mann, der geduldig sämtliche Fortschritte kommentiert hat und meinen Kindern, die schon lange Zeit bevor das Buch entstanden ist als Versuchskaninchen viele Sehspiele ausprobiert haben.

Mögen die Spiele noch vielen weitern Kindern Spaß machen!

Literaturverzeichnis:

Systemische Augentherapie
Über die Augen die Seele erreichen
Marianne Wiendl und Uschi Ostermeier-Sitkowski
Tredition - Verlag

Mit Kindern durch das Jahr
Frühling, Sommer, Herbst und Winter im
Kindergarten erleben
Monika und Petra Bezdek
Don Bosco Verlag

Kinesiologie - Kinder finden ihr Gleichgewicht
Spiele, Lieder und Geschichten
Barbara Innecken
Don Bosco Verlag

Greifen und BeGreifen
Wie Lernen und Verhalten mit frühkindlichen Reflexen zusammenhängen
Sally Goddard Blythe
VAK Verlag

Kontaktadressen:

Informationen zur Fachfortbildung „Sehspiele für SchuKi" sowie weiteren Seminaren und Ausbildungen erhalten Sie direkt im Naturheilzentrum für Sehen und Gesundheit.

Naturheilzentrum für Sehen und Gesundheit
Marianne Wiendl
Kirchplatz 8
82319 Starnberg
Tel.: 08151 - 911 530
www.mariannewiendl.de

und

Elvira Boguth
Im Gabis 5
85296 Rohrbach
Tel. 08442-92 22 25
www.sehtraining-holledau.de

Kontakte in ganz Deutschland erhalten Sie beim Verein für GESUNDES SEHEN e.V.
www.verein-gesundes-sehen.de

Printed in Great Britain
by Amazon